Fotos bearbeiten mit PhotoImpact 8

Horst-Dieter Radke
Jeremias Radke

SYBEX

Fast alle Hard- und Software-Bezeichnungen, die in diesem Buch erwähnt werden, sind gleichzeitig auch eingetragene Warenzeichen und sollten als solche betrachtet werden. Der Verlag folgt bei den Produktbezeichnungen im Wesentlichen den Schreibweisen der Hersteller. Der Verlag hat alle Sorgfalt walten lassen, um vollständige und akkurate Informationen in diesem Buch bzw. Programm und anderen evtl. beiliegenden Informationsträgern zu publizieren. SYBEX-Verlag GmbH, Köln, übernimmt weder die Garantie noch die juristische Verantwortung oder irgendeine Haftung für die Nutzung dieser Informationen, für deren Wirtschaftlichkeit oder fehlerfreie Funktion für einen bestimmten Zweck. Ferner kann der Verlag für Schäden, die auf eine Fehlfunktion von Programmen, Schaltplänen o. Ä. zurückzuführen sind, nicht haftbar gemacht werden, auch nicht für die Verletzung von Patent- und anderen Rechten Dritter, die daraus resultieren.

Projektmanagerin: Simone Schneider
DTP: EIN**SATZ**, Marl
Endkontrolle: Brigitte Hamerski, Willich
Umschlaggestaltung: Guido Krüsselsberg, Düsseldorf

ISBN 3-8155-0416-3

2. Auflage 2003

Alle Rechte vorbehalten. Kein Teil des Werks darf in irgendeiner Form (Druck, Fotokopie, Mikrofilm oder in einem anderen Verfahren) ohne schriftliche Genehmigung des Verlags reproduziert oder unter Verwendung elektronischer Systeme verarbeitet, vervielfältigt oder verbreitet werden.

Printed in Germany

Copyright © 2003 by SYBEX-Verlag GmbH, Köln

Inhaltsverzeichnis

Vorwort 8

1. **PhotoImpact 8 kennen lernen, installieren und anpassen** 9

   Woher nehmen und nicht stehlen? 9
   Was ist PhotoImpact? 11
   Für wen ist PhotoImpact geeignet? 11
      Voraussetzungen 12
   PhotoImpact installieren 13
      Demoversion installieren 13
      Vollversion installieren 14
   PhotoImpact reparieren oder deinstallieren 17
   Smart Download 18
   PhotoImpact einrichten 19
   PhotoImpact kennen lernen 21
      Tutorials vom Hersteller 21
      Sie sind nicht allein 22
      Hilfe überall 23
      PhotoImpact bedienen 25
      Wie geht's weiter? 30

2. **Bilder in den Computer bekommen** 31

   Fotos aus fremden Quellen 31
   Fotos aus eigenem Repertoire 33
      Fotos einscannen 33
      Tipps zum Scannen 43
   Bilder von der Digitalkamera in den PC bringen 44
      Schnittstellen 45
      Der digitale Film – Speicherkarten 47

	Fotos aus der Digitalkamera direkt in PhotoImpact laden	50
	Auslesen der Digitalkamera vorbereiten	50
	Den Speicher der Kamera mit PhotoImpact auslesen	51

3. Fotoalbum 53

PhotoImpact Album 8 kennen lernen		53
Die Werkzeuge und Optionen kennen lernen		54
Werkzeuge und Symbole		58
Ein neues Album anlegen		63
Standard und individuell		65
Ein neues Bild in das Album holen		66
Ein Album zeigen		67
Ein Bild per E-Mail versenden		69

4. Bilder verbessern 71

Bilder drehen	71
Bilder um kleine Winkel drehen	72
Tonwertkorrektur durchführen	76
Farbanteile korrigieren	78
Farbbilder zu Graustufenbildern machen	80
Ein Negativbild erstellen	81
Bilder schärfen	82
Ein 1-Bit-Bild erstellen	83
Bilder mit der Gradationskurve bearbeiten	85
Ein Farbton auf Weiß setzen	85
Die Gradationskurve direkt bearbeiten	86

5. Bilder drucken 93

Selbst machen oder machen lassen?	93
Fremdgehen ist angesagt	93
Selbst drucken	96
Druck im eigenen Haus	97
Den Überblick behalten	98
Ein Bild drucken	99
Mehrere Kopien drucken	102
Mehrere Bilder drucken	104
Poster drucken	106

6. Fotopraxis ... 107

Kamerabedienung ... 107

Auf die Perspektive kommt es an ... 114

Porträtaufnahmen ... 117
    Panoramafoto aufnehmen ... 118

Richtige Bildaufteilung ... 119
    Tiefenwirkung erzielen ... 120
    Räumliche Darstellung ... 121
    Muster erzeugen ... 122
    Dynamik ins Bild bringen ... 122
    Der Blickwinkel ... 123
    Hintergründe ... 124
    Kontraste erzeugen ... 124
    Umrahmungen ... 124

Richtiger Blitzlichteinsatz ... 125

7. Bildgestaltung ... 129

    Das richtige Bildformat wählen ... 129

Den richtigen Bildausschnitt wählen ... 131

Alles über Schärfentiefe ... 134

Unschärfe künstlich erzeugen ... 136

Bewegung fotografisch darstellen ... 140
    Bewegung mit PhotoImpact erzeugen ... 141

Der goldene Schnitt ... 143

Farbverläufe ... 144

8. Filterpraxis ... 147

Tolle Effekte ohne Computer: Filterübersicht ... 147

Filtereffekte mit PhotoImpact erzeugen ... 150
    Lichtstimmung verändern: Diffuses Ambiente ... 150
    Beleuchtung aufbessern ... 152
    Zoom-Unschärfe ... 152

Bilder schärfen ... 154

Schärfen – Benutzerdefiniert	155
Schärfen – Konturen betonen	155
Künstliches Rauschen und Störungen	157
Stören – Störpixel anfügen	157
Fotografie – Filmkörnung	158
Mit dem Partikeleffektfilter Wolken erzeugen	160
Mit dem Partikeleffektfilter Regen darstellen	162
Objekte mit dem Strahlerfilter hervorheben	163
Blitze mit dem Filter *Kreative Beleuchtung* erzeugen	164
Lichtstimmung verändern	166
Gegenlichteffekte	168

9. Webdesign mit PhotoImpact — 171

PhotoImpact – der kompetente Webdesigner	171
Das richtige Format wählen	172
Bilder ins JPG-Format konvertieren	172
Bilder ins GIF-Format konvertieren	178
Webkomponenten selbst erstellen	180
Komponenten selbst entwickeln	181
Mit dem Schaltflächendesigner arbeiten	183
Ein Design für den Hintergrund	184
Ein Webalbum erstellen	186
Webalbum mit PhotoImpact Album erstellen	186
Ein Webalbum mit PhotoImpact erstellen	189

10. Präsentation — 193

Mit dem Album präsentieren	193
Ein Webalbum exportieren	194
Eine Webdiaschau exportieren	197
Eine Diaschau zeigen	198
Ein Album auf CD brennen	200
Bilder präsentieren	201
Rahmen und Schatten benutzen	202
Rand erzeugen	204
Effekte nutzen	206
Bilder mit Text versehen	207

11. Fotos retten ... 209

Unterbelichtete Fotos aufhellen ... 209

Kratzer und Staub entfernen ... 212
    Kratzer wegretuschieren ... 213
    Staub entfernen ... 215

Ein Porträt optimieren ... 220

12. Kreatives Bilddesign ... 227

Fotomontagen ... 227
    Einen Himmel für die Montage erstellen ... 227
    Mit dem Ebenenmanager arbeiten ... 236

Eine Postkarte erstellen ... 241

Anhang: Glossar ... 247

Stichwortverzeichnis ... 251

Vorwort

Digitalfotografie hat Hochkonjunktur. Das Interessante daran ist, dass sich jeder, der einen PC besitzt, das eigene Fotolabor viel leichter ins Haus holen kann, als bisher üblich. Weder Dunkelkammer noch Chemikalien und teure Geräte werden benötigt. Ein Bildverarbeitungsprogramm genügt vollauf.

PhotoImpact ist ein verbreitetes Programm, das insbesondere von Anfängern und Laien gern genutzt wird. Das bedeutet nicht, dass es nicht leistungsfähig ist. Beschäftigt man sich eine Weile mit diesem Programm, wird man schnell feststellen, welch unglaubliche Vielfalt und Optionen zur Verfügung stehen. Tests in diversen Fachmagazinen heben dies auch immer wieder positiv hervor: das Programm ist leicht zu bedienen, wird aber mit steigenden Fähigkeiten nicht uninteressanter.

Um den vollen Leistungsumfang dieses Programms zu beschreiben, wäre ein umfangreicheres Buch nötig, als Ihnen hiermit vorliegt. Allerdings liest sich solch eine detaillierte Referenz nicht besonders gut, so dass wir einen anderen Ansatz gewählt haben. Sie finden in zwölf Projekten unterschiedliche Arbeitsfelder, die wir individuell ausleuchten. So müssen Sie auch nicht unbedingt das Buch von vorne nach hinten lesen, sondern können mit den Projekten beginnen, die Sie am meisten interessieren. Sie werden mit jedem Projekt etwas Neues hinzugelernt haben, egal ob Sie vorne oder hinten begonnen haben (blutigen Anfängern empfehlen wir aber trotzdem den Einstieg mit den ersten beiden Kapiteln). Ein Projekt beschäftigt sich überhaupt nicht mit PhotoImpact - zumindest nicht direkt. Das Projekt "Fotopraxis" haben wir hinzugefügt nach dem Motto: "Vorbeugen ist besser als heilen". Je weniger an einem Foto zu verbessern ist, um so größer ist auch der Gestaltungsspielraum damit.

Sie werden am Ende das Programm recht professionell nutzen können und auch zum Thema Digitalfotografie etwas hinzugelernt haben (wenn Sie nicht schon als Profi oder fortgeschrittener Hobbyanwender an dieses Buch geraten sind). Weiterlernen können Sie durch Ausprobieren und eigene Erfahrungen. Außerdem finden Sie im Internet andere PhotoImpact-Anwender, die in Form von Tutorials und Bildbeispielen ihre Erfahrungen auch anderen zur Verfügung stellen (siehe dazu das erste Projekt). Vielleicht gesellen Sie sich auch hinzu.

Bei dieser Art von Auswahl und Ausrichtung müssen auch Abstriche gemacht werden. Wir haben uns entschieden, die ebenfalls enthaltenen Grafikfunktionen zur Bildgestaltung etwas stiefmütterlich zu behandeln (soweit sie nicht zur Fotobearbeitung nützlich und hilfreich sind).

Lauda 2003

Jeremias und Horst-Dieter Radke

1. PhotoImpact 8 kennen lernen, installieren und anpassen

Dieses Kapitel zeigt Ihnen, wo Sie PhotoImpact bekommen können, wie Sie es installieren und einrichten. Außerdem gibt es Ihnen einen kleinen Vorgeschmack auf die Leistungsfähigkeit der Bildbearbeitungssoftware. Kennen Sie sich schon etwas mit dem Programm aus (z. B. weil Sie schon mit einer älteren Version gearbeitet haben), dann können Sie das Kapitel überspringen. Vielleicht schauen Sie sich aber doch noch kurz die Abschnitte an, die nach der Installation in diesem Kapitel aufgeführt sind – um sich einen Überblick zu verschaffen oder auch noch etwas zu erfahren, das Sie noch nicht kannten.

Woher nehmen und nicht stehlen?

Vielleicht haben Sie PhotoImpact beim Kauf Ihrer Kamera bekommen. Sie wissen es nicht? Dann schauen Sie einmal in den Unterlagen nach, die Sie mit der Kamera erhalten haben. Möglicherweise liegt eine CD-ROM bei, die PhotoImpact enthält.

Stöbern Sie Ihre Computerzeitschriften einmal durch. Auf der einen oder anderen CD findet sich möglicherweise eine Testversion von PhotoImpact 8 (oder einer früheren Version). Zum Ausprobieren reicht diese allemal, auch wenn die Nutzungsdauer beschränkt ist.

Hinweis

Die Testversion (Ulead PhotoImpact 8 Trial) bietet den vollen Funktionsumfang der Vollversion. Es sind aber einige Zusätze (Rahmen, Masken, Materialien, Texturen, Beispielbilder etc.) nicht enthalten. Auch fehlen einige Zusatzprogramme wie Ulead GIF Animator 5, Photo Explorer 7, PhotoImpact Album), die der Vollversion beiliegen.

Sie können das Programm ganz normal im Fachhandel erwerben (auch im Buchhandel!) oder es von der Homepage von Ulead herunterladen. Falls Sie nicht die Katze im Sack kaufen möchten, steht Ihnen eine in der Laufzeit eingeschränkte Version (30 Tage) zum Download zur Verfügung.

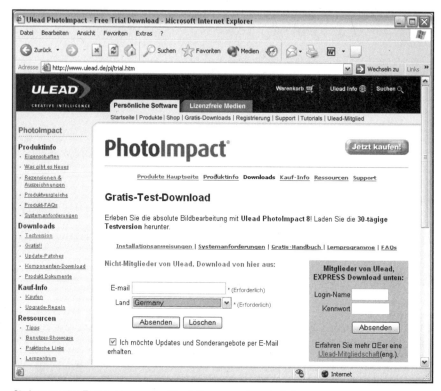

Sie können eine Testversion von der Ulead-Homepage herunterladen.

Ganz gleich, mit welcher Version Sie anfangen – Sie müssen diese zunächst auf Ihrem PC installieren und einrichten. Haben Sie das schon gemacht, können Sie selbstverständlich dieses Kapitel überspringen.

Tipp

Fragen Sie auch einmal im Bekanntenkreis herum. Manch einer hat dieses Programm mit seiner Digitalkamera erworben, nutzt aber ein anderes Fotobearbeitungsprogramm. Ehe es dort brachliegt, können Sie es möglicherweise abstauben. Beachten Sie aber, dass der in diesem Buch beschriebene Leistungsumfang der Version 8 nicht unbedingt mit demjenigen der etwas älteren Kamerabeigabe übereinstimmen muss.

Was ist PhotoImpact?

PhotoImpact in aller Kürze zu beschreiben ist nicht leicht, weil es so vielfältige Möglichkeiten bietet. Um es ganz knapp zu sagen: PhotoImpact ist ein Programm zur digitalen Bildbearbeitung. Darunter kann man sich allerdings viel – oder wenig – vorstellen. Deshalb hier eine kurze (und nicht vollständige) Übersicht über die wichtigsten Fähigkeiten von PhotoImpact:

- PhotoImpact enthält zahlreiche Werkzeuge zur Bildbearbeitung. Ob die Bilder aus einer digitalen Kamera kommen, von einem Scanner geliefert werden oder als Datei zur Verfügung stehen, ist völlig unerheblich. Mit den wichtigsten Scannern und digitalen Kameras arbeitet PhotoImpact direkt zusammen.
- PhotoImpact ist auch ein Webeditor. Nicht nur Bilder für das Internet, sondern ganze Seiten können damit erstellt werden – ohne HTML- oder Skriptsprachenkenntnisse zu haben.
- PhotoImpact kommt auch mit Vektorgrafiken zurecht, d. h. mit Grafiken, die nicht aus Pixeln zusammengesetzt, sondern von entsprechenden Anwendungen "errechnet" wurden. Sie können mit PhotoImpact sogar bearbeitet werden.
- PhotoImpact liefert auch zahlreiche Filter und Effekte, so dass aus Ihrem Computer mit diesem Programm das eigene Fotostudio wird.
- PhotoImpact ist darüber hinaus (mit einem Zusatzprogramm) Ihr digitales Fotoalbum, mit dem Sie Bilder ordnen und aufbewahren – und selbstverständlich auch wiederfinden können.

Wer schon mit einer früheren Version von PhotoImpact gearbeitet hat, findet zahlreiche Neuerungen wie Filter, Werkzeuge und Funktionen. Sie hier alle aufzuzählen wäre müßig und Platzverschwendung, zumal Sie diese in der Readme-Datei auf der Original-CD genauestens aufgeführt finden.

Tipp

Sowohl in den kostenlosen Testversionen als auch in der Vollversion können Sie eine Readme-Datei öffnen, in der alle Neuerungen detailliert aufgeführt sind. Nach der Installation wird Ihnen das Öffnen dieser Datei sogar angeboten. Sie sollten sich diesen Text einmal anschauen, um eine Vorstellung von dem Schritt zu bekommen, der von PhotoImpact 7 nach PhotoImpact 8 gemacht wurde.

Für wen ist PhotoImpact geeignet?

PhotoImpact ist das ideale Bildbearbeitungsprogramm für Anfänger – ideal auch deswegen, weil mit den steigenden Fähigkeiten nicht das Programm gewechselt werden muss, denn es ist so leistungsfähig, dass es immer etwas Neues zu entdecken gibt. Damit eignet es sich auch für fortgeschrittene Anwender und anspruchsvolle Hobbyisten.

Insbesondere zur Bearbeitung von Fotos aus Digitalkameras und eingescannten Bildern ist diese Anwendung zu gebrauchen. Da auch zahlreiche Zeichen- und Texterstellungswerkzeuge vorhanden sind, sind der Bildgestaltung mit PhotoImpact kaum Grenzen gesetzt. Obwohl viele Anwender im Internet durch Beispielbilder und Tutorials zeigen, dass auch die Bilderstellung mit PhotoImpact sehr gut realisiert werden kann, gibt es dafür doch andere, besser ausgestattete Programme.

Wer mit PhotoImpact arbeitet, benötigt kein zweites oder drittes Programm (etwa zur Archivierung). Allein das ist schon ein Vorteil. Der verhältnismäßig günstige Preis kommt noch hinzu. Profis geben für entsprechende Anwendungen mehr als das zehnfache aus – und bekommen doch kaum mehr als das Doppelte an Leistung. Da die Zahl der Anwender sehr hoch ist, können Sie davon ausgehen, dass Sie auf Fragen zu bestimmten Problemen schnell eine Antwort bekommen – zumindest im Internet.

Tipp

Wenn Sie sich noch nicht für ein Bildbearbeitungsprogramm entschieden haben, sollten Sie PhotoImpact auf jeden Fall prüfen. Arbeiten Sie schon mit einem anderen Programm, so sehen Sie sich PhotoImpact trotzdem einmal an – vielleicht ist es für Sie auf die Dauer die bessere Wahl.

Voraussetzungen

Um mit PhotoImpact zu arbeiten, sollten Sie grundlegende Kenntnisse im Umgang mit Ihrem Computer unter Windows haben. Wenn Sie sich mit diesem Buch einarbeiten, benötigen Sie keine speziellen Kenntnisse in der digitalen Bildbearbeitung. Eine Eingabemöglichkeit (Digitale Kamera, Scanner oder Ihre Fotos auf Foto-CD) sollte aber vorhanden sein, um mit dem Programm sinnvoll arbeiten zu können. Sie können selbstverständlich auch mit fremden Bildern arbeiten (entsprechende Foto-CDs sind ja inzwischen in großer Zahl im Handel), auf Dauer macht es aber erst so richtig Spaß, wenn Sie die eigenen Bilder bearbeiten können.

Ihr Computer sollte gewisse Mindestanforderungen erfüllen:

- Microsoft Windows ab Version 98 sollte installiert sein (haben Sie Windows 95, so sollten Sie zu einer älteren Version von PhotoImpact greifen oder aufrüsten). Bei Windows NT 4.0 sollte das Service Pack 6 installiert sein.
- Der Prozessor Ihres Computers sollte ein Intel Pentium (oder ein kompatibler Prozessor) sein.
- Laut Angaben von Ulead genügen 64 MB Hauptspeicher. Allerdings macht das Arbeiten damit keinen Spaß, so dass besser von einer Ausstattung ab 128 MB als Mindestvoraussetzung gesprochen werden sollte.
- Sie benötigen ausreichend freien Festplattenplatz. Allein für das Programm werden 500 MB benötigt. Noch mehr Speicher braucht es, wenn Bilder bearbeitet werden. Da während der Bildbearbeitung auch ausgelagert wird, sollte der zur

Verfügung stehende Speicher besser das Zehnfache des Programmspeichers betragen. Sonst müssen Sie immer wieder Ihre Bilder auslagern (auf CD-ROM oder andere Datenträger), was aus Sicherheitsgründen zwar sowieso angeraten wird, für die ständige Arbeit mit den Bildern aber doch recht lästig ist.

- Selbstverständlich wird eine leistungsfähige Grafikkarte und ein hochauflösender Monitor benötigt. Man kann ein Bild nicht vernünftig bearbeiten, wenn man es nur grob gepixelt anschauen kann.

Haben Sie sich innerhalb der letzten ein oder zwei Jahre Ihren Computer neu gekauft, so dürften diese Punkte eigentlich alle erfüllt sein. Wenn Sie ein älteres Gerät besitzen, sollten Sie die Ausstattung einmal prüfen und ggf. eine Aufrüstung oder einen Neukauf erwägen, wenn Sie in die digitale Bildbearbeitung einsteigen wollen.

PhotoImpact installieren

Je nachdem, welche Variante von PhotoImpact Ihnen vorliegt, starten Sie die Installation auf verschiedene Weise:

- Haben Sie sich die Testversion von der Ulead-Homepage heruntergeladen, so doppelklicken Sie im Explorer auf die gepackte Download-Datei. Am besten speichern Sie die Datei in einem temporären Verzeichnis, dann können Sie diese Datei nach der Installation und nach der Sicherung (z. B. auf ZIP oder CD, für Disketten ist sie zu groß) löschen.

- Liegt Ihnen die Testversion auf einer Zeitschriften-CD vor, so starten Sie die Installation in der Regel von der Benutzeroberfläche der CD-ROM aus. Gegebenenfalls ist in der Zeitschrift auch beschrieben, in welchem Verzeichnis auf der CD die Setup-Datei zu finden ist.

- Haben Sie PhotoImpact gekauft oder mit Ihrer Kamera erworben, so starten Sie die Installation, indem Sie die CD-ROM in das CD-Laufwerk Ihres Computers einlegen.

Hinweis

Ist die Autostart-Funktion Ihres Computers ausgeschaltet, so wählen Sie *Start >
Ausführen* und klicken auf *Durchsuchen*. Fahnden Sie dann auf der eingelegten CD-ROM nach einer Datei *Setup* oder *Install*.

Demoversion installieren

Als Erstes wird die Installation der Demoversion (Download oder CD-ROM) beschrieben. Sind Sie im Besitz der Vollversion, so überspringen Sie diesen Abschnitt.

1. Zunächst meldet sich der Installations-Assistent. Bestätigen Sie die erste Meldung mit *Weiter*.

2. Akzeptieren Sie die Lizenzbedingungen mit *Ja* (sonst bricht die Installation an dieser Stelle ab).
3. Bestätigen Sie den Ordner, in dem PhotoImpact installiert werden soll, mit *Weiter* oder stellen Sie über die Schaltfläche *Durchsuchen* einen anderen Ordner ein.

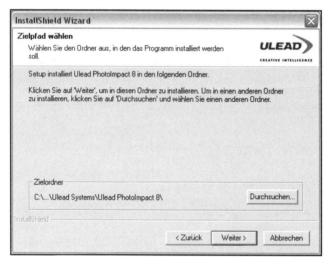

4. Im nächsten Schritt übernehmen Sie den Programmordner (oder überschreiben diesen mit einer individuellen Vorgabe).
5. Bestätigen Sie die beiden nächsten Dialogfenster jeweils über die Schaltfläche *Weiter*.
6. Die Installation schließen Sie mit einem weiteren Klick auf *Weiter* und im letzten Fenster mit *Beenden* ab.

Hinweis

Im vorletzten Dialogfenster können Sie festlegen, ob Sie die Readme-Datei lesen wollen oder nicht. Das sollten Sie auf jeden Fall tun, um einen Überblick über die Funktionen des Programms zu bekommen und ggf. Hinweise zur Installation/Deinstallation zu erhalten.

Vollversion installieren

Liegt Ihnen die Vollversion auf CD-ROM vor, so gehen Sie folgendermaßen vor:

1. Beenden Sie alle offenen Windows-Anwendungen. Diese könnten die Installation stören oder beeinflussen und sogar zu Datenverlust führen.
2. Legen Sie die CD-ROM in Ihr CD-Laufwerk ein. Die Autostartfunktion wird das Setup automatisch starten; falls nicht, so gehen Sie, wie weiter oben beschrieben, über *Start > Ausführen*.

1. PhotoImpact 8 kennen lernen, installieren und anpassen   15

3. Wählen Sie aus dem Startbildschirm *Ulead PhotoImpact 8 installieren*.
4. Entscheiden Sie sich für eine Setup-Sprache (in der Regel werden Sie wohl Deutsch wählen). Der Installationsassistent (InstallShield Wizard) startet und bereitet die Installation vor.

Hinweis

Sie können sich die Installation einfach machen und auf die Schaltfläche *Schnellinstallierer* klicken. Anwender, die noch nicht sehr geübt im Umgang mit Windows und entsprechenden Anwendungen sind, ist dies auch zu empfehlen. Wer schon bei der Installation einige Anpassungsmöglichkeiten in Anspruch nehmen möchte, geht aber besser den im Folgenden beschriebenen Weg.

5. Klicken Sie auf die Schaltfläche *Weiter* und bestätigen Sie anschließend die Lizenzbedingungen mit *Ja* (sonst ist die Installation an dieser Stelle bereits beendet und das Programm wird nicht installiert).
6. Tragen Sie im nächsten Dialog Ihre Daten und den Product-Key (die Seriennummer) ein und bestätigen Sie mit *Weiter*.

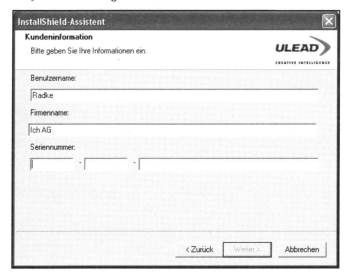

7. Im folgenden Schritt können Sie das Installationsverzeichnis anpassen (über *Durchsuchen*) und/oder mit *Weiter* bestätigen.
8. Im nächsten Dialog wählen Sie einen Setup-Typ aus. Markieren Sie *Benutzer* und klicken Sie auf *Weiter*.

Hinweis

Standard und *Minimal* arbeiten mit vorgegebenen Einstellungen weiter. Wählen Sie diese Varianten, so müssen Sie anschließend nicht mehr viel tun. *Standard* können Sie auch wählen, wenn Sie keine Komponente ausschließen, also alles installieren möchten.

9. Im nächsten Dialog legen Sie fest, was Sie installieren wollen. *PhotoImpact* sollten Sie bei der ersten Installation nicht ausschließen. Das *PhotoImpact Album* ist ein Multimedia-Verwaltungsprogramm. Haben Sie so etwas schon installiert (z. B. ACDSee oder IrfanView), so können Sie es hier deaktivieren, falls Sie bei Ihren alten Programmen bleiben wollen. Der *Gif-Animator* ist ein Programm zur Erstellung von Webanimationen. Falls Sie Anwendungen für das Web entwickeln wollen, sollten Sie es ebenfalls installieren.

Hinweis

Sie können auch später über das Setup deaktivierte Anwendungen nachinstallieren. Auf keinen Fall sollten Sie dann aber PhotoImpact noch einmal über die vorhandene Version installieren.

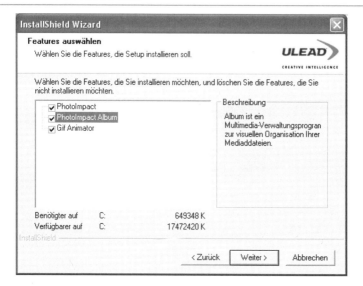

1. PhotoImpact 8 kennen lernen, installieren und anpassen   *17*

10. Bestätigen Sie mit *Weiter* und im folgenden Dialog ebenfalls mit *Weiter* (nachdem Sie ggf. den Namen des Programmordners angepasst haben).
11. Mit einem letzten Klick auf *Weiter* starten Sie die Installation. Richten Sie sich darauf ein, dass der Installations-Assistent eine Weile beschäftigt ist.
12. Abschließend müssen Sie noch einige Einstellungen vornehmen. Sie können aber auch die Vorgaben beim Setup-Typ belassen. Bestätigen Sie dann mit *Weiter*.

> **Hinweis**
>
> Wenn Sie allerdings bereits ein Grafikprogramm installiert haben und Bilddateien mit diesem verknüpft sind, dann sollten Sie die erste Option deaktivieren, da sonst diese Verknüpfungen ungültig werden (es sei denn, Sie wünschen dies, weil in Zukunft PhotoImpact Ihr Grafikprogramm sein soll!).

13. Mit einem Klick auf *Beenden* schließen Sie die Installation ab.

PhotoImpact reparieren oder deinstallieren

Starten Sie das Setup von der Installations-CD erneut (über die Autostart-Funktion oder *Start > Ausführen*), so werden in einem Dialog drei Optionen angeboten:

- Programm ändern
- Reparieren
- Entfernen

Möchten Sie Programmteile hinzufügen, die bei der ersten Installation nicht berücksichtigt wurden (z. B. bei der Minimal-Installation oder weil Sie manuell Programme ausgeschlossen haben), so können Sie bei *Programm ändern* nachbessern.

Sollte aus irgendeinem Grund das Programm beschädigt werden, so kann es über die Funktion *Reparieren* wiederhergestellt werden.

Soll PhotoImpact wieder entfernt werden (z. B. weil Sie nach dem 30-Tage-Test nicht überzeugt waren oder Ihre Version auf einem anderen PC installieren wollen), dann wählen Sie *Entfernen*.

> **Hinweis**
>
> Sie können PhotoImpact auch über *Systemsteuerung > Software* deinstallieren.

Smart Download

PhotoImpact ist nun installiert und steht Ihnen nach Aufruf (Doppelklick auf das Symbol, das auf dem Desktop abgelegt wurde oder über *Start > Programme*) zur Verfügung. Sie können es aber noch um Module ergänzen, die aus dem Internet heruntergeladen werden können. Dazu nutzen Sie die Funktion *Smart Download*.

Mit dem *Smart Download* vervollständigen Sie die Installation oder ergänzen später PhotoImpact um neue Komponenten.

◆ Gleich nach dem ersten Start wird Ihnen in einem Dialog der Smart Download angeboten.

◆ Sie können den Smart Download jederzeit über das Menü *Hilfe* starten.

So führen Sie den Smart Download aus:

1. Wählen Sie im Menü *Hilfe* den Eintrag *Smart Download*.

2. Im nächsten Fenster markieren Sie die Elemente, die Sie herunterladen möchten. Beachten Sie die Größenangaben! Das Handbuch beispielsweise mit einem Umfang von mehr als 14 MB ist für alle, die nicht über DSL verfügen, schon ein großer Brocken.

3. Klicken Sie auf die Schaltfläche *Herunterladen* um den Download zu starten. Gegebenenfalls müssen Sie zuvor noch die Internetverbindung manuell herstellen.

1. PhotoImpact 8 kennen lernen, installieren und anpassen

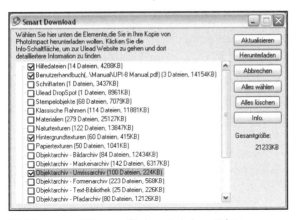

Sie können auswählen, was Sie herunterladen möchten.

PhotoImpact einrichten

Die Installation ist abgeschlossen. Nehmen Sie sich jetzt noch etwas Zeit, um das Programm besser an Ihre Bedürfnisse anzupassen. Die meisten Standardeinstellungen sind nach der Installation gerade für den Anfang bereits optimal gewählt. Einige Anpassungen gibt es aber trotzdem.

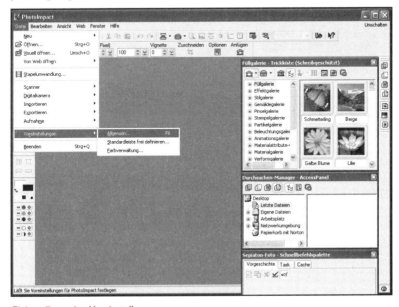

Einige allgemeine Voreinstellungen ...

1. Wählen Sie *Datei > Voreinstellungen > Allgemein*.
2. Deaktivieren Sie die Option *Uleads Webseite prüfen alle ... Tag(e)*. Die Voreinstellung ist zwar 0, um die Funktion aber endgültig zu deaktivieren, entfernen Sie das Häkchen aus dem Kontrollkästchen. Besser besuchen Sie die Homepage von Ulead von Zeit zu Zeit direkt, ohne diese Automatik.
3. Wählen Sie in den Kategorien *Werkzeuge* aus und ...
4. ... stellen Sie in der Gruppe *Tablett* sowohl die Strich-Weichheit als auch die Druckempfindlichkeit auf *Gut*.
5. Markieren Sie die Kategorie *Öffnen & Speichern*.
6. Aktivieren Sie mindestens noch folgende Dateiformate (falls nicht vorgegeben): BMP, FPX, GIF, JPG, PNP, PSD und TIF.
7. Bestätigen Sie die Einstellungen mit *OK*.

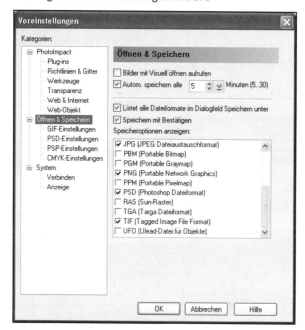

... sollten zu Beginn angepasst werden.

Das war's auch schon. Andere Einstellungen müssen Sie allenfalls nach weiterer Beschäftigung mit dem Programm und steigenden Fähigkeiten im Umgang damit vornehmen – wenn überhaupt.

PhotoImpact kennen lernen

In den folgenden Kapiteln wird jeweils anhand einer bestimmten Thematik beschrieben, wie Sie mit PhotoImpact Ergebnisse erzielen können. Da diese Projekte zwar in einem gewissen Sinne aufbauend angelegt sind, aber nicht zwingend durchgearbeitet werden müssen, folgt in diesem ersten Kapitel eine Beschreibung von PhotoImpact für die "Einsteiger". Jeder andere, der schon einmal mit diesem Programm (oder einer Vorgängerversion) gearbeitet hat, kann bedenkenlos mit dem nächsten Kapitel anfangen. Zuvor noch ein paar Tipps zum Lernen und Weiterkommen.

Tutorials vom Hersteller

Außer über dieses Buch und das Originalhandbuch können Sie über Tutorials den Umgang mit speziellen PhotoImpact-Funktionen lernen. Der Hersteller stellt einige über die eigene Homepage zur Verfügung:

1. Starten Sie eine Verbindung ins Internet und ...
2. ... wählen Sie die Ulead-Homepage an: www.ulead.de.
3. Klicken Sie auf *PhotoImpact* und auf dieser Seite ...
4. ... auf *PhotoImpact Tutorials*.

Jetzt können Sie aus unterschiedlichen Tutorials auswählen.

> **Tipp**
>
> Beschränken Sie sich nicht auf die Tutorials zu PhotoImpact 8. Auch die Tutorials zu früheren Versionen bieten noch interessantes Lern- und Arbeitsmaterial.

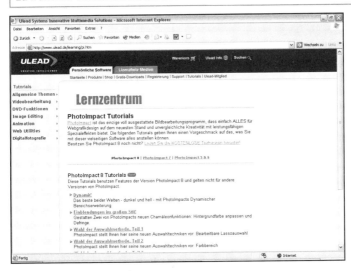

Das Lernzentrum von Ulead

Sie sind nicht allein

PhotoImpact ist ein weit verbreitetes Programm. Es gibt inzwischen zahlreiche Anwender, die sich ausgiebig mit diesem Programm beschäftigt haben. Einige stellen ihre Erfahrung auch im Internet zur Verfügung, indem sie Tutorials und Bilder veröffentlichen und über Foren einen regen Erfahrungsaustausch pflegen. Schauen Sie sich etwas um, finden Sie sicher schnell Anschluss.

Über die Homepage von Ulead ...

Der beste Weg für den Einstieg führt nicht über eine Suchmaschine, sondern über die Homepage von Ulead. Gehen Sie folgendermaßen vor:

1. Öffnen Sie eine Verbindung ins Internet.
2. Wählen Sie die deutsche Homepage von Ulead an: www.ulead.de.
3. Gehen Sie auf der Startseite der Ulead-Homepage ganz nach unten ...
4. ... und klicken Sie auf *PhotoImpact Community Sites*.

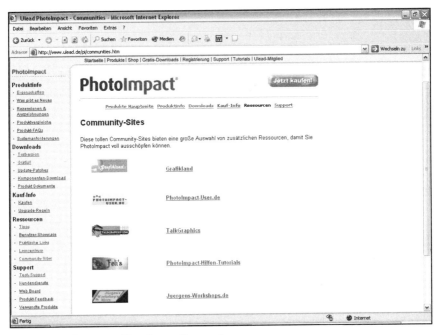

... gibt's einen Zugang zur PhotoImpact Community.

Hilfe überall

Wie in alle professionellen Windows-Anwendungen ist auch in PhotoImpact eine Onlinehilfe integriert. Sie müssen kein Handbuch aufschlagen, um Hinweise für bestimmte Problemlösungen zu bekommen. Eine besondere Form dieser Hilfe ist der Tipp des Tages. Er steht nach dem Start in einem Dialogfenster zur Verfügung. Sie können dann über die Schaltfläche *Nächster Tipp* durch alle vorhandenen Tagestipps blättern. *Schließen* lässt diesen Dialog vom Bildschirm verschwinden. Deaktivieren Sie das Kontrollkästchen vor *Tipps beim Start zeigen* (links unten im Fenster), werden diese Tagestipps in Zukunft nicht mehr angezeigt.

> **Tipp**
>
> Lassen Sie sich in der ersten Zeit diese Tipps ruhig anzeigen und nehmen Sie zwei oder drei Durchläufe in Kauf. Sie erhalten damit nebenbei Informationen zur Funktionalität des Programms, die Sie sich sonst erarbeiten (oder anlesen) müssten.

Der Tipp des Tages ist umsonst.

Über das Menü *Hilfe > Ulead PhotoImpact Hilfe* erreichen Sie die eigentliche Hilfe von PhotoImpact. Alternativ können Sie sie auch über die Funktionstaste F1 aufrufen. Sie können hier über den Ordnerbaum im linken Teil des Fensters gezielt zu einem Kapitel und einem bestimmten Thema wechseln. Nach Markierung wird es im rechten Teil des Fensters angezeigt, meist in ausführlicher Form als Schritt-für-Schritt-Anleitung. Über die Register *Index* und *Suchen* können Sie nach bestimmten vorgegebenen Schlüsselbegriffen (*Index*) oder frei nach bestimmten Worten (*Suchen*) fahnden.

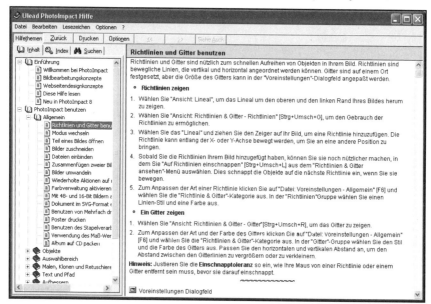

Die Hilfe ist praxisnah verfasst.

Gezielte Hilfe erhalten Sie übrigens, wenn Sie das Symbol mit dem Pfeil und dem Fragezeichen anklicken und dann auf das Objekt klicken, zu dem Sie Hilfe benötigen. PhotoImpact zeigt dann eine Hilfe zu diesem Objekt an. Gibt es keine Hilfe zu diesem Objekt, so landen Sie im Hilfebildschirm auf der Seite "Willkommen bei PhotoImpact".

Mit dieser Hilfe holen Sie sich gezielt die richtigen Informationen.

PhotoImpact bedienen

Nach dem Start (über *Start > Programme* oder über das Symbol auf dem Desktop) öffnet sich PhotoImpact mit verschiedenen zusätzlichen Fenstern, Symbolleisten und Paletten. Diese enthalten die Werkzeuge, mit denen die Bilder bearbeitet werden können. Am Anfang wirkt die Fülle an Arbeitsmaterial allerdings eher störend, so dass Anfänger dazu neigen, alles zu schließen. Immerhin raubt ja auch jede Palette und jedes Fenster mehr von dem Blick auf das Bild, das bearbeitet werden soll. Sie sollten sich jedoch zunächst mit dem Sinn und Nutzen dieser Fenster beschäftigen, bevor Sie sie ins Abseits schicken. Grundsätzlich hat PhotoImpact einen Aufbau, den Sie auch von anderen Windows-Anwendungen kennen:

Da ist z. B. die Titelleiste am richtigen Ort zu finden – nämlich ganz oben. Darunter ist die Menüleiste und verschiedene Symbolleisten. Dann wird es aber schon kritisch, weil diese nicht einfach nur unter der Menüleiste hängen, sondern am linken und rechten Rand sowie über die gesamte Fläche verteilt sind. Tatsächlich müssen wir hier mit einigen Begriffen differenzieren, um den Überblick zu behalten.

Die Standardleiste enthält die wichtigsten Standardsymbole für die laufende Arbeit wie z. B. für das Abspeichern, das Drucken, das Scannen und die wichtigsten Anpassungs- und Bearbeitungsassistenten.

Die Standardleiste

Die Attributleiste finden Sie unter der Standardleiste. Sie enthält Optionen für gerade aktive bzw. ausgewählte Werkzeuge und sieht deshalb nicht immer gleich aus. Sie lernen die verschiedenen Attributleisten in den einzelnen Kapiteln/Projekten dieses Buches kennen.

Die Attributleiste

Ganz links sehen Sie die Werkzeugleiste. Mit diesen Werkzeugen können Sie Ihr Bild bearbeiten. Wenn Sie hier die einzelnen Werkzeuge anklicken, können Sie auch gleich aktuell die Veränderungen in der Attributleiste sehen.

Die Werkzeugleiste ...

Tipp

Wenn Sie den Platz an der linken Seite für die Werkzeugleiste nicht mögen, so fassen Sie diese mit dem Mauszeiger am oberen Rand an und ziehen sie bei gedrückter Maustaste an eine andere Stelle.

Bei näherem Hinsehen werden Sie feststellen, dass einige Werkzeuge rechts unten ein kleines Dreieck haben. Klicken Sie auf solch ein Werkzeug, öffnet sich eine weitere Leiste, die eine Auswahl von Varianten zu diesem Werkzeug anzeigt.

... mit Varianten

1. PhotoImpact 8 kennen lernen, installieren und anpassen

Weiterhin befinden sich zahlreiche Paletten im Repertoire von PhotoImpact. Einige sind standardmäßig bereits geöffnet und am rechten Rand ist der Paletten-Manager zu sehen, mit dem zwischen verschiedenen Paletten hin- und hergeschaltet werden kann.

Paletten und Manager verdecken ein wenig das Stadtbild von Würzburg.

Am unteren Rand ist die Statuszeile zu finden, in der immer einige Auskünfte über den Bearbeitungsstand zu finden sind (z. B. Hilfeinformationen, aktuelle Cursorposition, Farbinformationen, Maßeinheit). Wenn Sie mit dem Mauszeiger über eine Information fahren, bekommen Sie wenige Sekunden danach angezeigt, um welche Information es sich handelt.

Die Statuszeile

Ein wichtiges Werkzeug ist der Ebenen-Manager. Seine Funktion wird in späteren Kapiteln erklärt und geübt werden. Wenn Sie im Paletten-Manager das erste Symbol anklicken, blenden Sie den Ebenen-Manager ein oder aus. Haben Sie in einem Bild noch keine Ebenen (Objekte !) definiert, so ist dieser Manager leer.

Der Ebenen-Manager

Im folgenden Abschnitt erfahren Sie, wie Sie mit den verschiedenen Paletten- und Werkzeugleisten vernünftig umgehen ohne die Übersicht zu verlieren.

Werkzeuge und Paletten ein- und ausblenden

Spätestens, wenn Sie sich eingearbeitet haben, werden Sie froh sein, wenn Sie die wichtigsten Werkzeuge schnell bei der Hand haben. Das ist nicht anders als beim Heimwerken. Wenn Sie zuerst nach dem Hammer und dem speziellen Schraubenschlüssel zu verschiedenen Stellen laufen müssen, macht die Arbeit bald keinen Spaß mehr. Am besten ist es immer, wenn alles schnell bei der Hand ist.

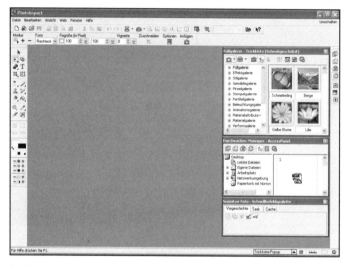

Nach dem Start steht sofort eine aufgeräumte Bildbearbeitungswerkstatt zur Verfügung.

Das Ausblenden eines Fensters geht einfach. Ein Klick auf das Kreuz rechts oben – und es ist verschwunden. Um eine Palette (z. B. die Werkzeugleiste am linken Rand) verschwinden zu lassen, gehen Sie folgendermaßen vor:

1. Klicken Sie mit der rechten Maustaste auf den oberen (oder linken) Doppelstrich am Anfang der Palette.
2. Deaktivieren Sie die Werkzeugleiste (oder entsprechend eine andere Palette) im Kontextmenü.

Eine generelle Lösung zum Ein- und Ausblenden von Arbeitsobjekten auf dem Bildschirm bietet das Menü *Ansicht*:

1. Wählen Sie das Menü *Ansicht* und ...
2. ... darin den Eintrag *Werkzeugleisten & Paletten* an.
3. Aktivieren oder deaktivieren Sie die entsprechende Leiste durch Anklicken im Menü.

Funktionen auf verschiedenen Wegen erreichen

Wie bei anderen Windows-Anwendungen ist es auch bei PhotoImpact so, dass die Funktionen auf verschiedene Weise aufgerufen werden können:

- Über das Menü
- Über die Symbolleisten (Werkzeugleisten, Paletten)
- Über Tastenkombinationen

Dazu ein Beispiel, nämlich das Ein- und Ausschalten des Lineals:

1. Öffnen Sie ein beliebiges Bild (zur Not tut es auch ein Beispielbild von Windows aus dem Ordner *Eigene Bilder*).
2. Wählen Sie *Ansicht > Lineal*, um das Lineal einzuschalten. Sie schalten es auf die gleiche Weise wieder aus.
3. Drücken Sie die Tasten ⇧ + V, um das Lineal ein- und wieder auszuschalten.
4. Klicken Sie auf das Symbol für das Lineal in der Werkzeugleiste, um das Lineal ein- und auszuschalten.

Es erscheint jeweils am linken und am oberen Bildrand ein Lineal, das bei exakten Ausschnitten oder Bearbeitungen hilfreich ist. Es gehört nicht selbst zum Bild, sondern ist lediglich eine Arbeitshilfe.

> **Tipp**
> Sie finden im *Anhang* eine Übersicht über die wichtigsten und interessantesten Tastenkombinationen zur Bedienung von PhotoImpact 8.

Ein Lineal ist schnell angelegt.

Symbolleisten und Paletten anpassen

Auf welche Weise Sie auf die einzelnen Arbeitshilfen zugreifen, ist Ihnen überlassen. In den meisten Fällen wird sich eine sinnvolle Kombination aller Wege herausstellen, je nachdem wie Sie arbeiten und welche Vorlieben Sie haben – ob mehr mit der Hand an der Maus oder mehr mit den Fingern auf der Tastatur.

> **Hinweis**
>
> Wenn Sie eine Werkzeugleiste über das Menü *Ansicht* oder das Kontextmenü (Rechtsklick auf einen freien Bereich in einer Symbolleiste) öffnen und es passiert nichts, dann schauen Sie einmal ganz rechts oben im Fenster nach. Manche Werkzeugleisten bestehen aus ganz wenigen Werkzeugen (z. B. die *Zuschneiden*-Werkzeugleiste nur aus zwei) und werden nicht sofort wahrgenommen.

Manche Werkzeugleisten sind nicht sehr umfangreich ausgestattet.

Die ganzen Symbole und Werkzeuge verwirren schon auf den ersten Blick. Zudem sind sie recht klein dargestellt. Wenn Sie einen ausreichend großen Monitor haben, so können Sie die Größe verändern. Gehen Sie dazu folgendermaßen vor:

1. Klicken Sie mit der rechten Maustaste auf einen freien Bereich einer Symbolleiste.
2. Wählen Sie aus dem Kontextmenü den Befehl *Optionen*.
3. Aktivieren Sie das Kontrollkästchen vor *Große Schaltflächen*.

Sofort werden ihre zusammengekniffenen Augen weit. Die Schaltflächen werden größer und damit auch deutlicher wahrgenommen.

> **Tipp**
>
> Benutzen Sie möglichst immer den ganzen Bildschirm, wenn Sie mit PhotoImpact arbeiten. Je besser Sie das Objekt (also das Bild) sehen, desto exakter können Sie Ihre Bearbeitungen vornehmen. Und in der Regel ist es bei der Arbeit nicht wichtig, noch irgendein anderes Fenster im Blick zu haben.

Wie geht's weiter?

Jetzt wissen Sie auch als Einsteiger genug über die Bedienung von PhotoImpact, um mit einem beliebigen Projekt in diesem Buch weiterzumachen. Wenn Ihnen allerdings noch unklar ist, wie Sie Ihre Bilder in den Computer bekommen, so lesen Sie zunächst *Kapitel 2: Bilder in den Computer bekommen*.

2. Bilder in den Computer bekommen

Ulead PhotoImpact 8 ist ein Programm zur Bildbearbeitung, insbesondere zur Bearbeitung von Fotos. Und dieses Buch handelt im Wesentlichen vom gleichen Thema. Um Bilder mit dem Programm bearbeiten zu können, müssen Sie diese aber zunächst in den Computer bekommen. Das ist auf verschiedene Weise möglich:

- Möglicherweise sind Ihre Bilder schon auf der Festplatte gespeichert. Dann können Sie ohne Umwege mit der Bildbearbeitung loslegen.
- Sie nehmen sich Ihre Fotosammlung vor und scannen sie Bild für Bild ein. Das können Sie mit dem zum Scanner gelieferten Programm, mit einer Windows-Anwendung oder mit PhotoImpact erledigen.
- Sie lassen Ihre Filme nicht nur als Negativ und Papierbild im Labor entwickeln, sondern zusätzlich noch auf Foto-CD bringen.
- Sie nehmen die Fotos zukünftig mit einer Digitalkamera auf. Die meisten lassen sich direkt an den PC anschließen, aber auch über das Speichermedium (Compact-Flash, Smart Media etc.) können die Bilder eingelesen werden.
- Sie suchen sich die Bilder im Internet (oder von käuflichen Foto-CDs).

Fotos aus fremden Quellen

Auf Dauer mag die letzte Variante die am wenigsten befriedigende sein, aber für den Anfang ist es zumindest eine gute Methode, schnell an Material zu kommen, um die Bildbearbeitung praktisch üben zu können.

Prüfen Sie zunächst, ob Ihnen nicht CDs mit professionellen Fotos zur Verfügung stehen. Manchmal sind Beispiele und Muster im Lieferumfang von Grafikprogrammen enthalten. Untersuchen Sie also die Grafikanwendung, die möglicherweise schon eine Weile bei Ihnen im Schrank steht, auf bisher nicht bemerkte oder benutzte CD-ROMs mit entsprechendem Inhalt.

> **Tipp**
>
> Wenn Sie nicht lange suchen wollen, dann nehmen Sie die Original-CD von Ulead Photo Impact 8 und schauen dort im Verzeichnis *\Samples\Images* nach. Sie finden in weiteren Unterverzeichnissen zahlreiche Fotos, die Ihnen für Ihre erste Arbeit zur Verfügung stehen.

32 *Fotos bearbeiten mit PhotoImpact 8*

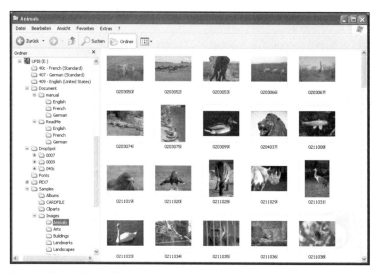

Auf der Original-Setup-CD von PhotoImpact finden Sie bereits brauchbare Fotos für Ihre weitere Arbeit.

Das Internet ist natürlich eine Fundgrube für weiteres Bildmaterial. Sie können Fotos von Webseiten herunterladen oder per Download ganze Sammlungen auf Ihrem Computer speichern. Solange Sie die Bilder nur für private Zwecke nutzen möchten, sind Ihnen kaum Grenzen gesetzt. Sobald Sie aber eine Veröffentlichung ins Auge fassen – und sei es nur auf Ihrer Homepage – sollten Sie sich Gedanken über das Urheberrecht machen. Prüfen Sie die CD-ROM, von der Sie Bilder benutzen, genau. In vielen Fällen sind die Bilder nur zum privaten Gebrauch frei. Wenn nicht ausdrücklich erwähnt wird, dass die Bilder in jedem Fall lizenzfrei genutzt werden dürfen, müssen Sie von einem eingeschränkten Nutzungsrecht ausgehen.

Hinweis

Beachten Sie außerdem, dass Bilder, die Sie direkt von einer Homepage laden, nur von eingeschränkter Qualität sind. Damit Bilder schnell angezeigt werden – und weil auf dem Monitor sowieso nur eine begrenzte Qualität darstellbar ist – wird die Bildqualität in der Regel sehr reduziert. Solange Sie die Bilder selbst nur für die Darstellung auf dem Monitor und/oder im Internet benutzen wollen, ist dies kein Problem. Für den Ausdruck (insbesondere auf gutem Fotopapier) eignen sie sich aber in der Regel nicht.

So speichern Sie ein Bild, das Sie im Internet sehen:

1. Klicken Sie das Bild mit der rechten Maustaste an.
2. Wählen Sie aus dem Kontextmenü *Bild speichern unter*.
3. Geben Sie einen Pfad und einen Namen für das Bild an und ...
4. ... bestätigen Sie mit *OK*.

2. Bilder in den Computer bekommen   33

Fotos aus eigenem Repertoire

Anstatt in fremden Gefilden zu wildern ist es immer besser sich im eigenen Revier umzusehen. Wenn Sie Ihren nächsten Film zum Entwickeln im Fotolabor abgeben, so bestellen Sie doch einfach gleich eine Foto-CD mit. Die Mehrkosten halten sich inzwischen in Grenzen und die Bilder stehen Ihnen sofort in einer digitalen Qualität zur Verfügung, die Sie erst nach einigem Üben erreichen. Außerdem brauchen Sie sich um die Archivierung dann keine Gedanken mehr zu machen. Zur Foto-CD zählt in der Regel auch ein so genannter Image Print mit kleinen Fotos aller auf der CD enthaltenen Bilder. Das erlaubt Ihnen eine gute Ordnung und ein schnelles Wiederauffinden der Fotos – zumindest solange Ihre Bildproduktion im einigermaßen überschaubaren Rahmen bleibt. Über den Umgang mit der Foto-CD gibt es nicht viel zu sagen: ins Laufwerk legen und die Bilder, die bearbeitet werden sollen, auf die Festplatte kopieren. Alles Weitere dazu finden Sie in den folgenden Kapiteln.

Fotos einscannen

Ältere Fotos, die Ihnen in Kisten und Alben (hoffentlich nicht eingeklebt!) vorliegen, müssen Sie aber einscannen, um sie in digitaler Form bearbeiten zu können. Dazu liegt jedem Scanner in der Regel eine Software bei. Die benötigen Sie aber nicht (vom TWAIN-Treiber einmal abgesehen), da PhotoImpact (wie fast jedes andere Grafik- und Bildbearbeitungsprogramm auch) Bilder über den Scanner einlesen kann.

Hinweis

Neben den TWAIN-Quellen gibt es u. U. noch die WIA-Geräte (Digitalkameras, neuere digitale Scanner etc.). WIA steht für Windows Acquisition Image und unterstützt die Plug&Play-Technologie. Diese Geräte werden wie ein Laufwerk angesprochen (über *Öffnen* oder *Visuell öffnen*). Eine Erläuterung erübrigt sich deshalb in diesem Kapitelabschnitt.

Um einen Scanner mit PhotoImpact nutzen zu können, muss er

- an den Computer angeschlossen und ...
- ... die Treibersoftware (meistens TWAIN) installiert sein.

Wie das zu bewerkstelligen ist, erfahren Sie in der Regel aus der Anleitung, die Ihrem Scanner beiliegt.

Scanner einrichten und auswählen

Ein im System bereits installierter Scanner wird in der Regel automatisch von PhotoImpact erkannt. Wenn nicht, so ist die Einrichtung schnell gemacht. Gehen Sie wie folgt vor:

1. Prüfen Sie zunächst, ob der Scanner am Computer angeschlossen ist (parallele Schnittstelle, USB-Schnittstelle oder spezielle Steckkarte).

2. Wählen Sie *Datei > Scanner > Quelle auswählen*.
3. Ist nur ein Scanner vorhanden, fällt Ihnen nun die Auswahl nicht schwer. Sind mehrere TWAIN-Geräte vorhanden, markieren Sie in der Liste den Scanner.

4. Klicken Sie auf die Schaltfläche *Gerätetyp* und ...
5. ... aktivieren Sie den passenden Gerätetyp. Neben den verbreiteten *Flachbettscannern* sind auch Einzugscanner (*Sheetfed scanner*) und *Digitalkameras* als TWAIN-Geräte auswählbar.

6. Bestätigen Sie mit *OK* und ...
7. ... im vorangegangenen Fenster mit *Schließen*.

Sie können nun Ihre Bilder mit PhotoImpact und Ihrem Scanner in den Computer einlesen.

Hinweis

Wenn Sie nicht genau wissen, was für einen Scanner Sie haben, hier eine kleine Hilfestellung: Ein Flachbettscanner ist ein Gerät mit Deckel, den Sie anheben und darunter das zu scannende Bild oder Dokument auf eine Glasfläche legen. Flachbettscanner sind heute in der Regel wirklich flach. Ältere Geräte können aber noch recht unförmige, dicke Kästen sein. Ein Einzugscanner (Sheetfed Scanner) ist ein relativ schmales Gerät mit einem Schlitz, das ein Dokument einzieht. Es wird in der Regel für den mobilen Transport gebaut. Auch manche Drucker lassen sich zu Einzugscannern umfunktionieren, indem der Druckkopf durch einen Scankopf ausgetauscht wird.

2. Bilder in den Computer bekommen 35

Bilder scannen

Um Ihre Bilder einzuscannen, legen Sie sich zunächst einen Stapel zurecht. Wenn ein bestimmter Vorgang mehrmals geübt wird, geht er schneller in Fleisch und Blut über, d. h. Sie müssen nicht immer wieder von Neuem überlegen, wie es funktioniert. Hier im Buch erklären wir das Scannen von einem Bild, Sie sollten diesen Vorgang aber besser mehrfach durchführen.

Hinweis

Je nach Geräte- und Treibertyp kann die folgende Anleitung etwas variieren. Die generelle Vorgehensweise ist aber immer gleich.

Gehen Sie wie folgt vor:

1. Legen Sie ein Bild auf die Auflagefläche (Flachbettscanner) oder an den Einzugschlitz (Einzugscanner).
2. Wählen Sie *Datei > Scanner* und ...
3. ... klicken Sie auf den ausgewählten Scanner in der Liste oder wählen Sie alternativ die Funktionstaste F7.

4. Klicken Sie auf *Vorschau*. Der Scanner wird einen Überblick über die gesamte Auflagefläche geben (soweit nichts anderes eingestellt ist).
5. Markieren Sie mit der Maus die Bildfläche, die Sie einscannen möchten.

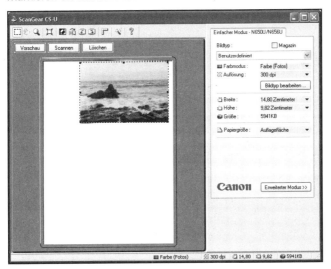

6. Klicken Sie auf *Scannen*. Der Scanvorgang wird in der Regel mit einem Fortschrittsbalken angezeigt. Gescannt wird jetzt nicht die ganze Auflagefläche, sondern nur noch der markierte Bereich.

7. Holen Sie PhotoImpact wieder in den Vordergrund, indem Sie auf das Symbol in der Taskleiste klicken.

Nun steht Ihnen das analoge Papierbild auch digital im Computer zur Verfügung. Sie können es nun bearbeiten und nach Belieben verändern, um es anschließend digital (z. B. im Internet oder als Fotopräsentation auf CD-ROM) oder analog (durch erneuten Ausdruck) zu verwenden. Vergessen Sie nicht, das eingescannte Bild abzuspeichern.

Tipp

Sie müssen bei weiteren Bildern nicht wieder mit Schritt 1 beginnen. Legen Sie einfach ein neues Bild ein und beginnen Sie mit Schritt 4. Um Missverständnisse zu vermeiden, löschen Sie zuvor die Vorschau des vorangegangenen Bildes.

Gerade noch als Papierbild unter den Scanner gelegt – schon ist es digital im Computer gefangen!

Scannen mit Nachbearbeitung

Eine interessante Variante bietet PhotoImpact beim Scannen mit Nachbearbeitung an. Hierbei wird das eingescannte Bild gleich nach dem Einscannen – manuell oder mit einem Assistenten – bearbeitet.

Hierzu ein ausführliches Beispiel:

1. Legen Sie ein Bild in den Scanner ein.

2. Bilder in den Computer bekommen

2. Wählen Sie *Datei > Scanner* und ...
3. ... klicken Sie auf den Scannereintrag mit dem Zusatz *(mit Nachbearbeitung)*.
4. In einem Fenster nehmen Sie nun weitere Einstellungen vor. Auf der Registerkarte *Kalibrierung* können Sie ein Kalibrierungsschema einstellen, d. h. die Farben werden an vorgegebene Standards angepasst. Klicken Sie dazu in das Kontrollkästchen vor *Kalibrierungsschema*.
5. Wählen Sie anschließend unter *Schema* aus der Liste ein Kalibrierungsschema aus (z. B. AGFA SnapScan, wenn Sie mit einem AGFA-Scanner arbeiten). Im Beispiel wurde ein Kalibrierungsschema von Canon gewählt, weil ein Canon-Scanner angeschlossen war.

> **Hinweis**
>
> Sie können auch selbst ein Kalibrierungsschema erstellen, indem Sie ein Foto einscannen, es mit der Gradationskurve bearbeiten und anschließend als MAP-Datei abspeichern. Beachten Sie aber, dass Sie dann noch über die Schaltfläche *Anfügen* das Schema einbinden müssen.

6. Auf der Registerkarte *Ziel* sollte mindestens das Kontrollkästchen vor *Neues Bild* aktiviert sein. Wollen Sie es automatisch speichern, so aktivieren Sie das Kontrollkästchen vor *Datei*.
7. Klicken Sie auf die Schaltfläche *Dateiname* und wählen Sie Name und Pfad für den Speicherort aus.
8. Bestätigen Sie mit *Speichern* im Dialog *Speichern unter*. Je nach ausgewähltem Grafikformat öffnet sich evtl. noch ein weiteres Dialogfenster, in dem Sie die Kompression oder andere Einstellungen festlegen (z. B. bei TIFF). Schließen Sie diese Einstellungen ebenfalls mit *OK* ab.
9. Auf der Registerkarte *Nachbearbeiten* legen Sie fest, welche Nachbearbeitung stattfinden soll. Für einen ersten Durchgang wählen Sie *Assistent*.

> **Tipp**
>
> Wenn Sie mit dem Vorgang vertraut sind, stellen Sie *Manuell* ein und aktivieren unter *Bearbeitet* die Vorgänge, die Sie unbedingt durchführen wollen. Es geht dann schneller.

10. Sind alle Einstellungen vorgenommen, klicken Sie auf *Holen*.
11. Die TWAIN-Schnittstelle wird geöffnet. Führen Sie nun den Scanvorgang wie im vorangegangenen Abschnitt beschrieben (*Vorschau > Markieren > Scannen*) durch.
12. Schließen Sie die TWAIN-Schnittstelle, sonst passiert zunächst nichts Weiteres.
13. Sofort nach dem Verschwinden der Scanoberfläche (TWAIN-Schnittstelle) startet der Nachbearbeitungsassistent. Klicken Sie auf *Weiter*, um zu den einzelnen Nachbearbeitungsschritten zu kommen.
14. Als Erstes können Sie ein schräg fotografiertes (oder eingescanntes) Bild gerade richten. Klicken Sie dazu auf den Schalter *Geraderichten*.

15. Sie sehen in der Dialogvorschau mitten im Bild eine Linie. Sie können diese am Rand anfassen und nach oben oder unten ziehen, um ein schräges Bild auszugleichen. Sie können aber auch bei *Winkel* eine Zahl eingeben. Sind Sie mit dem Ergebnis über das Ziel hinausgeschossen, können Sie über den Schalter *Zurücksetzen* in die Ausgangslage zurückkehren. Alternativ können Sie über *Abbrechen* den Vorgang ohne Auswirkung auf das Bild verlassen.
16. Sind Sie mit den Korrekturarbeiten zum Geraderichten zufrieden, so können Sie über *OK* diesen Assistentenschritt verlassen.
17. Beim Geraderichten entstehen in der Regel weiße Ränder. Über *Zuschneiden* können Sie im nächsten Schritt einen Ausschnitt aus dem Bild wählen, um diese weißen Stellen zu eliminieren. Oder Ihnen gefallen die Proportionen nicht und sie korrigieren diese durch einen besser proportionierten Ausschnitt aus dem Bild.
18. Markieren Sie mit der Maus den Bildausschnitt, den Sie verwenden wollen.

19. Bestätigen Sie mit *OK* Ihre Arbeit oder verlassen Sie unverrichteter Dinge den Assistentenschritt *Zuschneiden* über *Abbrechen*.
20. Um ein Bild durch Schärfe oder Weichzeichner zu bearbeiten, klicken Sie auf den Schalter *Brennweite*.
21. Wählen Sie das Register *Zwei Ansichten*, um zwischen Ausgangsbild und bearbeitetem Bild unterscheiden zu können.
22. Klicken Sie dann auf den Schalter *Bildbereich für Vorschaufenster wählen*, da das gesamte Bild in der Regel zu klein dargestellt wird, um die veränderten Einstellungen richtig beurteilen zu können.

23. Im nächsten Dialog wählen Sie rechts das dritte Symbol aus.
24. Dann ziehen Sie im Vorschaufenster links einen Bereich auf, der sowohl dunkle als auch helle Elemente enthält. Der Bereich sollte nicht zu groß sein, um im folgenden Vorgang die Veränderungen deutlich anzuzeigen.
25. Bestätigen Sie die Auswahl mit *OK*.

Tipp

Sie können auch über die Lupe mit dem Pluszeichen eine Ausschnittsvergrößerung herbeiführen. Allerdings können Sie dann den Ausschnittsbereich nicht selbst bestimmen.

26. Sie können nun über die Schieberegler bei *Unschärfe* bzw. über *Schärfe Grad* eine Anpassung der Bildschärfe vornehmen.
27. Bestätigen Sie mit *OK*.
28. Im nächsten Schritt des Assistenten wählen Sie den Schalter *Helligkeit*.
29. Sie können nun aus verschiedenen Vorgaben eine Helligkeits- und Kontrastanpassung vornehmen, indem Sie einfach auf das entsprechende Miniaturbild klicken. Ist das Häkchen vor *Echtzeitvorschau* gesetzt, so können Sie die Veränderungen bereits im Bild feststellen.
30. Ist Ihnen diese Art der Anpassung zu grob, so klicken Sie auf den Schalter *Komplex*.
31. Sie können nun die *Helligkeit*, den *Kontrast* und die *Gammakorrektur* über Schieberegler oder über Zahlenschalter individuell vornehmen.

2. Bilder in den Computer bekommen

32. Sind Sie mit Ihren Einstellungen zufrieden, so bestätigen Sie mit *OK* und ...
33. ... wählen im nächsten Schritt den Schalter *Farbbalance*.
34. Auch hier können Sie bestimmte Voreinstellungen aus den Miniaturen auswählen.

> **Tipp**
>
> Sie können diese Voreinstellungen auch duplizieren, indem Sie mehrfach auf eine Miniaturvoreinstellung klicken und so Bilder mit einem (gewünschten) Farbstich erzeugen.

35. Über den Schieberegler bei *Miniaturvariation* können Sie die ausgewählte Farbbalance weiter anpassen.
36. Klicken Sie auf *OK*, wenn Sie mit der Einstellung zufrieden sind.

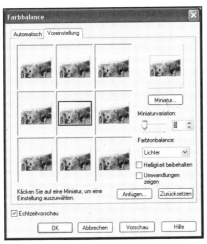

37. Im nächsten Schritt können Sie bei einem Portraitbild die roten Augen entfernen, die bei einer Blitzlichtaufnahme entstanden sind. Ist dies nicht der Fall oder haben Sie – wie im Beispiel – kein Portraitfoto, so klicken Sie auf die Schaltfläche *Weiter*.
38. Der nächste Assistent bietet Ihnen *Rahmen & Schatten* für das Foto an. Klicken Sie auf die entsprechende Schaltfläche.
39. Wählen Sie auf der Registerkarte *Rahmen* unter *Stil* aus der Liste einen Eintrag aus (im Beispiel wurde *Kantenrahmengalerie* benutzt).
40. Unter *Form* können Sie eine bestimmte Vorgabe für den Rahmen bestimmen (rechts in der Vorschau sehen Sie die Auswirkungen nach der Auswahl).
41. Auf der Registerkarte *Schatten* können Sie eine bestimmte Auswahl für einen Schatteneffekt hinzufügen. (Bei Kantenrahmen ist dies in der Regel nicht erforderlich!)

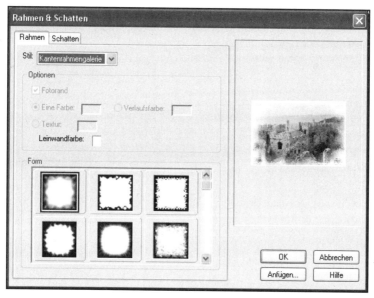

42. Nun sind Sie mit dem Nachbearbeitungsassistenten fertig. Klicken Sie auf *Beenden* und der Assistent speichert selbstständig das bearbeitete Bild unter dem vorgegebenen Namen im vorgegebenen Ordner ab.

2. Bilder in den Computer bekommen

Das fertig eingescannte und bearbeitete Bild ist nicht nur in PhotoImpact zu sehen, sondern bereits auf der Festplatte gespeichert.

Tipp

Wenn Sie Bilder vervielfältigen wollen, so wählen Sie ebenfalls die Funktion zum Scannen mit Nachbearbeitung, stellen aber als Ausgabemedium den Drucker ein. Dann können Sie das im Scanner eingelegte Bild nach dem Einscannen sofort beliebig oft – und dazu noch in verbesserter Form – ausdrucken und verteilen.

Sie sehen, es ist relativ leicht, Fotos mit PhotoImpact einzuscannen und im Anschluss daran zu bearbeiten und auszugeben.

Tipps zum Scannen

Möchten Sie viele Bilder einscannen, kann es recht mühsam werden: Bild in den Scanner, Vorschau erstellen, Bereich markieren, einscannen, abspeichern, Vorschau löschen, nächstes Bild, usw. Sie können sich diese Arbeit erleichtern, indem Sie die Bilder ein wenig vorsortieren, z. B. nach Größe. Dann können Sie diese in einer Ecke der Scanneroberfläche anlegen – immer an der gleichen Stelle – und können auf die einmal festgelegte Markierung zurückgreifen. Mehrere Schritte entfallen dann. Egal was die Vorschau anzeigt, es wird immer das jeweils eingelegte Bild mit der einmal festgelegten Markierung eingelesen. Sie sind dann erheblich schneller mit dem Einscannen fertig.

Viele Scanner lassen eine Bildbearbeitung beim Einscannen zu. So können dunkle Bilder aufgehellt und helle Bilder abgedunkelt werden. Auch eine direkte Beeinflussung der Gradationskurve ist möglich oder die Anpassung aller (Master) oder einzelner Farbkanäle. Schauen Sie sich die Oberfläche der Scannersoftware an oder lesen Sie dazu in Ihrem Handbuch nach. Beim Canon CanoScan 650U ist etwa die Schaltfläche *Erweitert* zu klicken, um an diese Optionen zu gelangen. Der Vorteil liegt darin, dass die Arbeitsschritte in PhotoImpact so unter Umständen reduziert werden können.

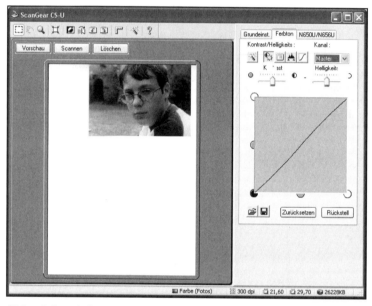

Bildbearbeitung ist bereits beim Einscannen möglich.

Bilder von der Digitalkamera in den PC bringen

Digitalkameras sind inzwischen nicht weniger verbreitet als PCs. Doch erst zusammen mit dem Computer machen Digitalkameras richtig Sinn. Um aber die multimedialen Fähigkeiten von Kamera, PC und anderen Geräten (z. B. Fernseher) nutzen zu können, müssen die Geräte über entsprechende Schnittstellen oder Speichermedien verfügen. Bevor wir also zur Nutzung der digitalen Kameras in PhotoImpact sprechen, folgt ein kleiner Exkurs zum Thema Schnittstellen und Speicherkarten.

2. Bilder in den Computer bekommen

> **Hinweis**
>
> Wenn Sie sich mit diesem Thema schon auskennen, überspringen Sie einfach den Abschnitt und machen dort weiter, wo das Laden von Bildern aus der Kamera direkt in Ulead PhotoImpact 8 beginnt.

Schnittstellen

Schnittstellen sind Anschlüsse, über die verschiedene Kabel oder Speichermedien angeschlossen werden können, um zum Beispiel Bilddaten zu übertragen. Mittlerweile gibt es die ersten Kameras, die auch mit Bluetooth Daten übermitteln können. Bluetooth ist ein Kurzstreckenfunkstandard, der sich besonders durch eine kleine Bauweise der Sende- und Empfangseinheit hervorhebt.

Videoausgang

Viele Kameras können außer Fotos auch Videos aufnehmen. Der interne Speicher oder die Speicherkarte begrenzen die maximale Videolänge. Wird die Kamera aber per Videokabel an den Rechner angeschlossen, können beliebig lange Videos aufgenommen werden, begrenzt nur durch die Größe des jeweiligen Speichermediums. Oder die Kamera lässt sich als Webcam einsetzen. Einige Kameras erreichen dabei bessere Bildqualitäten und höhere Bilderraten (fps = frames per second, Bilder pro Sekunde) als speziell für diesen Zweck hergestellte Webcams.

Einige Kameras lassen sich sogar an den Fernseher anschließen. So können die Bilder bequem von der ganzen Familie wie bei einer Diashow betrachtet werden. Auch die Bildbearbeitung mit der Kamera (manche Kameras bieten hierzu inzwischen umfangreiche Funktionen) kann so besser beurteilt werden als auf dem kleinen Kameradisplay.

Audioausgang

Einige Digitalkameras der neueren Generation haben ein eingebautes Mikrofon, das zum einen dazu dient, den Ton zur Videoaufzeichnung aufzunehmen, zum anderen aber die Möglichkeit bietet, zu den Bildern Sprachnotizen zu machen. Über den Videoausgang können Sie dann z. B. beim Betrachten der Bilder am Fernseher die Sprachnotizen anhören.

DC-Eingang

Praktisch alle Kameras können über den DC-Eingang mit Strom versorgt werden. Damit kann dann der Akku während des Ladens in der Kamera verbleiben. Oder der Akku kann geschont werden, wenn die Kamera an den Fernseher oder an den PC angeschlossen ist.

USB-Schnittstelle

Wenn Sie kein Speicherkartenlesegerät haben, können Sie auch die Kamera als Lesegerät einsetzen. Dazu müssen Sie lediglich ein USB-Kabel mit Computer und Kamera verbinden. Die Datenübertragungsrate ist aber meist nicht so hoch wie bei speziellen Kartenlesegeräten. Normalerweise verfügen die Digitalkameras über so genannte Mini-USB-Schnittstellen; diese stellen nur eine verkleinerte Version der normalen USB-Buchse dar. Manche ältere Kameras verfügen noch über eine serielle Schnittstelle. USB ist aber inzwischen Standard.

Eine moderne Digitalkamera mit USB-Schnittstelle

Firewire

Firewire ist eine von Apple entwickelte Schnittstelle, die wesentlich höhere Datenübertragungsraten hat als USB. Kameras mit hohen Auflösungen verfügen manchmal zusätzlich zum USB-Anschluss auch über einen Firewire-Anschluss. Damit lassen sich die Daten wesentlich schneller von der Kamera auf die Computerfestplatte übertragen. Jedoch haben nicht alle Computer eine Firewire-Schnittstelle, so dass diese nachgerüstet werden muss um sie nutzen zu können.

IrDA-Interface

Einige wenige Kameras lassen sich fernsteuern. Dies funktioniert in der Regel per Infrarotverbindung. Die IrDA-Schnittstellen beider Geräte müssen allerdings genau aufeinander ausgerichtet sein. Zudem darf sich nichts dazwischen befinden, und die Entfernung darf nicht allzu hoch sein. Die Datenübertragungsrate ist auch sehr gering.

Bluetooth

Nicht mehr ganz neu ist die Funkschnittstelle Bluetooth. Sie hat zwar eine kurze Reichweite und eine geringe Datenübertragungsrate, findet aber zunehmend Verbreitung und lässt sich sehr klein verbauen. Auch über Bluetooth lässt sich eine Kamera fernsteuern, wenn entsprechende Software dafür eingerichtet wurde.

Dockingstation

Für viele Kameras bieten die Hersteller aufpreispflichtige Dockingstationen an. Die Kameras werden dann über spezielle Kontakte oder über den USB-Anschluss mit der Dockingstation und somit auch mit dem PC verbunden. Die Dockingstationen sollen das übertragen von Bildern auf den PC, das Verschicken von E-Mails oder das direkte Ausdrucken der Bilder per Knopfdruck besonders einfach machen. Zumindest bewerben die Hersteller die Dockingstationen mit solchen Konzepten, wie z. B. das EasyShare-Konzept von Kodak. Ob das allerdings Sinn macht und den hohen Aufpreis rechtfertigt, ist fraglich. Manche Dockingstationen machen die Kamera zur Webcam. Da die Videosequenzen nicht mehr auf der Speicherkarte gespeichert werden müssen, sind praktisch unbegrenzt lange Videolaufzeiten möglich. Mit speziellen Programmen lässt sich dann die Kamera für Videokonferenzen im Internet nutzen.

Der digitale Film – Speicherkarten

Die Bilder werden bei einer Digitalkamera vom CCD-Sensor aufgenommen und nicht auf einem Film abgelichtet, wie das von den analogen Kameras bekannt ist. Die Bilder werden in digitaler Form, in einem speziellen Dateiformat, auf dem internen Speicher abgelegt. Da der interne Speicher aber sehr begrenzt ist (manche Geräte haben keinen festen internen Speicher), bedarf es eines auswechselbaren Speichermediums. Fast jede Kamera besitzt also mindestens einen Speicherkartenschacht, in den Sie Speicherkarten mit verschiedenen Kapazitäten einstecken können. Die Bilder werden dann auf der Speicherkarte abgelegt. Ein Vorteil der Speicherkarten besteht darin, dass sie mit einem speziellen Gerät ausgelesen werden können, was wesentlich schneller geht, als die Kamera direkt an den PC anzuschließen. Praktisch ist auch, dass eine volle Speicherkarte einfach gegen eine leere ausgetauscht werden kann. Der Speicher solcher Karten besteht in der Regel aus Flashspeicher, der die Daten auch ohne Stromversorgung nicht verliert. Außerdem sind Flashspeicher unempfindlich gegenüber äußeren Einflüssen wie Sonnenlicht oder Magnetfeldern. Extreme Temperaturen können allerdings auch Flashspeichern schaden. Die mechanische Belastbarkeit ist abhängig von der Bauart der Speicherkarte. Und in der Bauart liegt auch ein großer Nachteil der Speicherkarten. Wer schon eine Digitalkamera besitzt, hat bestimmt schon bemerkt, dass er nicht jeden beliebigen Speicher benutzen kann. Es gibt nämlich eine recht große Auswahl an verschiedenen Speichermedien, die sich für die digitale Fotografie eignen. Jedoch unterstützen die Kameras jeweils nur eine, manchmal auch zwei Speicherkartensorten. Die Speicherkarte wird daher zu einem wichtigen Auswahlkriterium beim Kamerakauf.

Auch bei den Speichermedien selbst gibt es neben der Bauart der Hülle, die den Flashspeicher vor mechanischen Beschädigungen schützt, noch zwei verschiedene Schnittstellen. Entweder werden die Bilder seriell oder parallel übertragen. Serielle Speichermedien erkennt man an der geringen Anzahl an Kontakten, parallele haben dagegen sehr viele dieser Kontakte. Parallele Schnittstellen ermöglichen meist höhere Datenübertragungsraten. Mit Ausnahme der CompactFlash-Karte, die eine parallele Schnittstelle besitzt, verfügt keine Speicherkarte über einen eigenen Controller. Dieser ist für die Verwaltung der Daten verantwortlich. Ist der Controller in die Kamera eingebaut, ist die maximale Speichergröße der Karte begrenzt, da die Kamera vielleicht gebaut wurde, als es beispielsweise noch keine Speicherkarten mit 256 MB Speicherkapazität gab. Diese würden von der Kamera also nicht erkannt werden. Kameras mit CompactFlash-Kartenschächten haben damit keine Probleme. Auch ältere Kameramodelle funktionieren sowohl mit 4-MB- als auch mit 512-MB-Speicherkarten. Dafür können die Speichermedien mit serieller Schnittstelle kleiner gebaut werden.

Darüber hinaus gibt es auch verkleinerte Festplatten, so genannte Microdrives, die ebenfalls für den CompactFlash-Kartenschacht gebaut wurden. Andere Speichermedien sind verkleinerte diskettenähnliche magneto-optische Datenspeicher. Es gibt auch eine Kamera, die über einen kleinen Brenner verfügt, um 8cm-CD-RW-Rohlinge zu beschreiben. Diese sind allerdings sehr groß und das Brennen der Daten auf die CD-RWs dauert länger als das Abspeichern auf einer Speicherkarte. Dafür können die kleinen CDs von fast jedem herkömmlichen optischen Laufwerk ausgelesen werden. Bei einigen älteren Kameras findet man auch noch die Speicherung auf Disketten.

Tipp

Wenn Sie sich ausführlicher über digitale Fotografie informieren möchten, empfehlen wir Ihnen das Buch *Digitale Fotografie - zum Nachschlagen* von Jeremias Radke, ISBN 3-8155-0488-0.

Bei der Beschreibung der Schnittstellen ist sicher schon deutlich geworden, wie Sie Bilder direkt von der Kamera in den PC gebracht werden können. Es gibt aber auch noch einige Umwege, die manchmal bequemer sind, vor allem weil die Datenübertragungsrate meist größer ist.

Lesegeräte

Um die Bilder, die auf der Speicherkarte abgelegt sind, auch auf der PC-Festplatte zu speichern, benötigen Sie spezielle Speicherkartenlesegeräte. Diese gibt es in verschiedenen Ausführungen und Preisklassen. Zwar kann die Kamera auch als Kartenlesegerät genutzt werden, wenn sie per USB-Kabel an den Rechner angeschlossen ist, doch ist die Datenübertragungsrate etwas gering. Außerdem werden die Lesegeräte über den Computer oder ein eigenes Netzteil mit Strom versorgt. So wird der Akku der Kamera geschont.

Lesegeräte gibt es inzwischen zuhauf und für alle Speichermedien. Wer schon mehrere Sony-Geräte besitzt, hat eigentlich keine Probleme mit Kartenlesern für den Me-

2. Bilder in den Computer bekommen

mory Stick, da zahlreiche Sony-Geräte, darunter Computer, Notebooks, PDAs, Digitalkameras und Camcorder, MP3-Player und sogar einige Sony-Computermäuse, auch einen entsprechenden Slot haben. Leider werden von Sony keine anderen Speicherlösungen unterstützt. Per USB-Lesegeräte lassen sich aber dennoch andere Speicherkarten mit Sony-Geräten auslesen.

Am günstigsten sind einfache CompactFlash-PC-Card-Adapter, da die CompactFlash-Karten lediglich eine verkleinerte Version der PC-Cards darstellen. Der Adapter besitzt daher keinen Controller und benötigt keine Treiber. Er ist für Notebooks also die ideale Wahl.

Es gibt auch Speicherkarten-CompactFlash-Adapter, so dass auch andere Speicherkarten von der einfachen Handhabung des CompactFlash-Adapters profitieren oder auch von PDAs gelesen werden können.

Andere Lesegeräte können meistens mehrere verschiedene Speicherkartentypen auslesen. Diese benötigen dann allerdings spezielle Treiber. Besonders die Treiberinstallation unter Windows 2000 kann dabei schwierig werden. Da die Lesegeräte in den meisten Fällen per USB an den Rechner angeschlossen werden können, sind sie auch verhältnismäßig kompatibel. So können die Lesegeräte auch mit zu Freunden oder Verwandten genommen werden.

Besonders praktisch sind kleine CompactFlash-Lesegeräte, die ähnlich aussehen wie die Pen-Drives (kleine Speichermedien, die direkt an die USB-Buchse angeschlossen werden und sich immer mehr als Diskettenersatz durchsetzen) und auch – mit CompactFlash-Karte – genauso genutzt werden können. Diese Lesegeräte benötigen keine Treiber und werden auch unter Windows 2000 gut erkannt. Zudem sind sie sehr klein und leicht und können überallhin mitgenommen werden. Mit CompactFlash-Adaptern können so alle gängigen Speichermedien ausgelesen werden. Von Vorteil ist es, wenn das Computergehäuse an der Frontseite USB-Buchsen hat. Dann müssen Sie nicht immer unter den Computertisch kriechen um die Lesegeräte anzuschließen. Notebook-Besitzer haben damit natürlich keine Probleme. Ein weiterer Vorteil ist die Plug&Play-Fähigkeit der kleinen Speicherkartenleser, sie können also im laufenden Betrieb angeschlossen und wieder abgezogen werden. Sie werden dann automatisch erkannt und angebunden.

Für SmartMedia-Karten und Sonys Memory Sticks gibt es Lesegeräte in Form einer Diskette, die auch mit dem 3,5-Zoll-Diskettenlaufwerk ausgelesen werden. Dadurch können sie an fast jedem Rechner genutzt werden, haben aber sehr geringe Datenübertragungsraten.

> **Tipp**
>
> Wenn Sie mit mehreren Kameras arbeiten und unterschiedliche Speichermedien nutzen, dann ist ein Kombi-Lesegerät die richtige Wahl für Sie. Sie müssen dann die Kameras nicht immer umstecken und die Medien in einem solchen Lesegerät können wie ein Laufwerk von Windows und PhotoImpact angesprochen werden.

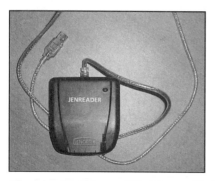

Ein solches Kombi-Lesegerät liest CompactFlash- und SmartMedia-Karten und stellt sie wie externe Laufwerke zur Verfügung.

Fotos aus der Digitalkamera direkt in PhotoImpact laden

Ähnlich wie beim Scanner müssen bestimmte Vorbereitungen getroffen werden, um die Digitalkamera in PhotoImpact nutzen zu können:

- Die Kamera muss an den Computer angeschlossen und ...
- ... eine spezielle Treibersoftware (liegt der Kamera in der Regel bei) installiert sein.

Auslesen der Digitalkamera vorbereiten

Die Arbeit mit der Digitalkamera vorzubereiten ist manchmal gar nicht nötig, da mit der Installation der Kamerasoftware bereits alles eingerichtet ist. Falls nicht – oder auch zur Kontrolle – hier die Anleitung dazu:

1. Wählen Sie *Datei > Digitalkamera > Quelle wählen*.
2. Markieren Sie die gewünschte Quelle (falls mehrere vorhanden sind) und klicken Sie auf *Gerätetyp*.
3. Die Digitalkamera sollte aktiviert sein. Bestätigen Sie dies mit *OK*.

4. Klicken Sie auf *Auswählen*.

Sie können nun mit der Kamera und PhotoImpact arbeiten.

Den Speicher der Kamera mit PhotoImpact auslesen

Gehen Sie folgendermaßen vor:

1. Prüfen Sie, ob Ihre Kamera an den PC angeschlossen ist.
2. Wählen Sie *Datei > Digitalkamera > Digital Camera Manager* oder drücken Sie alternativ die Funktionstaste [F8].

3. PhotoImpact sucht daraufhin die Bilder im Speicher der Kamera und lädt sie in den Hauptspeicher des PC. Sie können diesen Vorgang abbrechen, indem Sie auf den Schalter *Abbrechen* klicken.

4. Um ein einzelnes Bild zur weiteren Bearbeitung in PhotoImpact zu laden, klicken Sie es einfach doppelt an.

Angezeigt werden die Bilder als so genannte Thumbnails (Daumennagel). Über die Schaltfläche *Holen* werden diese Vorschaubilder in den Kameramanager geladen. Über die Schaltfläche *Aufnehmen* holen Sie das markierte Bild in das Programm PhotoImpact – erzielen also den gleichen Effekt wie durch einen Doppelklick. Interessanter ist der Schalter *Alle Aufnehmen*, der sämtliche Bilder aus der Kamera in das Programm holt. Über die Schaltfläche *Klare Kamera* werden alle Bilder in der Kamera gelöscht und mit *Schließen* beenden Sie den Digital Camera Manager wieder.

Kamerabilder auf Festplatte speichern

Um nicht alle geladenen Bilder einzeln abspeichern zu müssen, gehen Sie in PhotoImpact folgendermaßen vor:

1. Wählen Sie *Datei > Alle Speichern*.
2. Wählen Sie im Dialog *Speichern unter* einen Ordner aus.
3. Klicken Sie auf *Speichern*.

Natürlich können Sie auch individuelle Dateinamen vergeben – so geht es aber schneller. Und wenn Sie die Bilder einzeln bearbeiten, können Sie sie immer noch neu benennen.

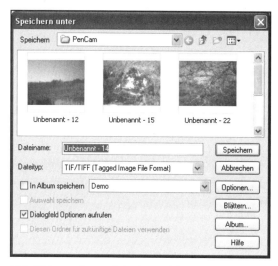

Viele Bilder werden so zügig abgespeichert.

Tipp

Auch bei der Digitalkamera können Sie über den Befehl *Digital Camera Manager (mit Nachbearbeitung)* die Bearbeitung der gespeicherten Bilder automatisieren.

3. Fotoalbum

Wenn Sie Ihre Bilder (Fotos auf Papier) unsortiert in einen Karton werfen, wird Ihnen schon nach kurzer Zeit der Überblick fehlen. Ein bestimmtes Bild aus zahlreichen durcheinander liegenden Bildern herauszufinden kostet Zeit. Nicht anders ist das auf der Festplatte. Speichern Sie immer alle Bilder in einem Ordner (z. B. im Ordner *Meine Bilder*) ab, so suchen Sie sich irgendwann tot. Natürlich kann man eine übersichtliche Ordnerstruktur schaffen und die Bilder nach Themen sortiert ablegen. Trotzdem bleibt der Windows Explorer ein nur sehr begrenzt brauchbares Instrument zur Bildverwaltung.

> **Hinweis**
>
> Wenn Sie das folgende Projekt nachvollziehen wollen, benötigen Sie eine Reihe gespeicherter Bilddateien (Fotos). Falls Sie die noch nicht auf Ihrer Festplatte haben, so nehmen Sie sich erst ein anderes Projekt vor.

Das PhotoImpact Album 8 bietet Ihnen einen professionellen Werkzeugkasten zur Bildverwaltung. Sie können es auch als Bilddatenbank bezeichnen. Haben Sie ein Bild gefunden, so können Sie ohne großen Umweg direkt damit zu PhotoImpact übergehen. Ist es noch nicht geöffnet, so startet das Programm direkt aus dem Album heraus.

> **Hinweis**
>
> Wenn Sie mit der Demo- oder Trial-Version arbeiten, so steht Ihnen das Album nicht zur Verfügung.

PhotoImpact Album 8 kennen lernen

Nach der Installation der Vollversion von PhotoImpact 8 wurde das Album gleich mit eingerichtet und als Verknüpfung auf dem Desktop abgelegt – es sei denn, Sie haben dies unterdrückt. Ein Doppelklick auf diese Verknüpfung genügt, um das Fotoalbum zu öffnen.

Das Fotoalbum wird bereits mit "eingeklebten" Bildern geliefert.

Gleich nach dem Start finden Sie eine Reihe von Bildern im Fotoalbum vor. Es sind Muster, die PhotoImpact mitbringt und mit installiert. Zum Kennenlernen der Oberfläche des Albums reichen sie allemal aus.

Die Werkzeuge und Optionen kennen lernen

Sie finden wieder die übliche Einteilung des Fensters in:

- Titelleiste
- Menüleiste
- Symbolleiste
- Werkzeugleisten
- Arbeitsfläche (Miniaturvorschau)

Um Wiederholungen zu vermeiden, werden im Folgenden nur die Details erläutert, die nicht schon aus anderen Anwendungen bekannt sind.

Vom rechten Ursprung

In der Menüleiste erschließen sich die Bedeutungen der Befehle in der Regel von selbst. Lediglich die Funktion des Menüs *Ursprung* ist nicht sofort ersichtlich.

Das Menü Ursprung *führt Sie direkt zum Original des Bildes.*

Über dieses Menü greifen Sie direkt auf das Original zu. Wählen Sie z. B. *Öffnen*, so wird PhotoImpact 8 mit dem Bild geöffnet. Haben Sie mehrere Bilder markiert – z. B. um eine Diashow zu zeigen – so geht mit diesem Bild eine Kettenreaktion los. Jedes wird einzeln geöffnet und nach PhotoImpact übertragen. Deshalb Vorsicht: Verwenden Sie den Befehl *Öffnen* immer nur für ein Bild oder für wenige Bilder.

Anders können Sie mit dem Befehl *Umwandeln* vorgehen. Diesen können Sie sinnvoll zur Stapelverarbeitung einsetzen:

1. Markieren Sie die Bilder, die Sie umwandeln möchten.
2. Wählen Sie *Ursprung > Umwandeln*.
3. Stellen Sie das *Dateiformat* ein, in das die Bilder umgewandelt werden sollen (z. B. GIF).
4. Wählen Sie den passenden *Datentyp* aus (z. B. 256-Farbenindex, wenn Sie Bilder für das Internet erstellen wollen).
5. Legen Sie einen Ordner fest, in dem die umgewandelten Bilder gespeichert werden. Dazu müssen Sie das Kontrollkästchen vor *In anderem Unterordner speichern* aktivieren und über den Schalter *Blättern* den gewünschten Ordner auswählen.
6. Das Kontrollkästchen vor *Dateien einfügen in Album* entfernen Sie besser, es sei denn, Sie haben einen eigenen Ordner für diese umgewandelten Bilder erstellt.
7. Klicken Sie auf *OK*, um den Vorgang zu starten.

Die Bilder sind anschließend wie umgewandelt.

Weiterhin können Sie über das Menü *Ursprung* Ihre Bilder *Drucken, Verschieben, Kopieren, Löschen, Umbenennen, Rechts* und *Links drehen, Neue Ordner erstellen* etc. Über den Befehl *Eigenschaften* öffnen Sie einen Dialog, der Ihnen die Eigenschaften der Bilder anzeigt. Eingeben können Sie hier allerdings nichts. Haben Sie mehrere Bilder markiert und dann den Befehl *Eigenschaften* aufgerufen, so können Sie über die Schalter *Vorheriges* und *Nächstes* zwischen den Bildern wechseln, ohne den Dialog jedes Mal schließen und neu aufrufen zu müssen.

Jedes Bild hat seine Eigenschaften.

Stapellauf

Im Menü *Fenster* finden Sie den Befehl *Stapelverarbeitung*. Dieser ermöglicht Ihnen das schnelle Abarbeiten standardisierter Stapelaufgaben. Wollen Sie beispielsweise eine Miniaturübersicht aller Bilder in einem Album drucken (einen so genannten Image-Print), so gehen Sie folgendermaßen vor:

1. Wählen Sie *Fenster > Stapelverarbeitung*.
2. Markieren Sie in der Liste das gewünschte Album (im Beispiel *Demo*).
3. Wählen Sie unter *Betrieb* den Eintrag *Miniaturen drucken* aus.
4. Klicken Sie auf *OK*.

So schnell bekommen Sie die Miniaturen aufs Blatt.

Schon laufen die Miniaturen vom Stapel bzw. vom Drucker. Eine weitere interessante Stapelverarbeitung ist die *Sortierung*, die sich vor allem dann anbietet, wenn große Mengen an Bildern in einem Album enthalten sind. Sie können nach zahlreichen vorgegebenen *Kriterien* (auf der Registerkarte *Einfach*) oder auch nach *Medientypen* (auf der Registerkarte *Erweitert*) sortieren.

Sortiert wird auch stapelweise.

Ganz rechts finden Sie noch den Menüeintrag *Umschalten*. Hier können Sie schnell nach PhotoImpact, zum Ulead GIF Animator oder zum Ulead Photo Explorer wechseln.

Werkzeuge und Symbole

Unter der Menüleiste sowie links und rechts finden Sie verschiedene Leisten mit Symbolen und Werkzeugen:

- Unter der Menüleiste finden Sie die Standardleiste,
- links die Albumpalette und
- rechts die Werkzeugpalette.
- Am unteren Rand ist wie üblich die Statusleiste zu sehen.

Außerdem können Sie noch einblenden:

- eine Sortierleiste,
- eine Suchleiste und
- die Kennzeichenpalette.

Wenn Sie in größeren Bildbeständen nach verschiedenen Bildern fahnden, ist die Suchleiste ganz nützlich. Immer eingeblendet nimmt sie aber mehr Platz weg, als dass sie nützt. Die Sortierleiste blenden Sie ein, wenn Sie mal wieder richtig aufräumen wollen – und das in allen Alben. Ansonsten ist es gut, dass auch diese Leiste nicht ständig eingeblendet ist.

Sie blenden Leisten und Paletten wie üblich ein und aus:

1. Klicken Sie mit der rechten Maustaste in einen freien Bereich einer Symbolleiste und ...
2. ... aktivieren/deaktivieren die gewünschte Leiste/Palette im Kontextmenü durch Anklicken.

Die komplette Sammlung der Leisten und Paletten

Ein erweiterter Standard

Die ersten Schaltflächen in der Standardleiste müssen sicher nicht weiter erklärt werden. Öffnen, Speichern, Drucken etc. – diese Symbole sind Ihnen aus allen Windows-Anwendungen bekannt. Im mittleren und letzten Teil der Standardleiste finden Sie aber einige Symbole, die nicht zum üblichen Standard gehören und insofern erklärungsbedürftig sind.

Die Standardleiste

Vier Schaltflächen sind für die Anzeige der Miniaturbilder da, zwei weitere helfen bei der Suche nach Bildern und zwei Symbole helfen bei der Erweiterung der Alben.

Symbol	Bedeutung
	Zeigt die Bilder des Albums im Miniaturmodus an, d. h. alle Bilder neben- und untereinander. Es wird nur die Nummerierung und der Dateiname angegeben.
	Zeigt die Bilder im Attributmodus an, d. h. alle Bilder untereinander und daneben die Attribute der Bilder
	Zeigt den Dateinamen und die zugehörigen Attribute an, d. h. die Bilder selbst sind nicht mehr zu sehen
	Zeigt die Bilder im Dateieintragsmodus an, d. h. Sie können dabei individuelle Einträge zu den Bildern vornehmen
	Öffnet den Suchen-Dialog
	Öffnet den Sortier-Dialog
	Holt ein Bild vom Scanner und legt es im Album als Datei ab (oder schickt es an den Drucker, das Fax oder sendet es per E-Mail ab)
	Holt ein Bild von der Digitalkamera und legt es im Album als Datei ab (oder schickt es an den Drucker, das Fax oder sendet es per E-Mail ab)

Die Werkzeugsammlung

In der Werkzeugpalette finden Sie einige der Funktionen wieder, die Ihnen bereits in der Standardleiste zur Verfügung stehen. Manche Funktionen sind dabei direkter zu erreichen, so dass hier ein "doppelt gemoppelt" durchaus Sinn machen kann. Andererseits ist auch das Ausschalten einer Leiste möglich, wenn Platz gebraucht wird. Sie werden sicher schnell feststellen, welche der Leisten und Paletten für Sie die wichtigeren sind, und werden die anderen in den Hintergrund verschieben.

Symbol	Bedeutung
	Ruft das Werkzeugpaletten-Menü auf, mit dem Sie u. a. weitere Werkzeugpaletten selbst erstellen (oder wieder löschen) können
	Druckt das (oder die) markierte(n) Bild(er) auf dem Drucker aus
	Sendet das (oder die) Bild(er) per E-Mail ab
	Exportiert das Webalbum (u. a. wird damit das gesamte Album auf eine CD gebrannt)
	Exportiert eine Webdiaschau (auch diese lässt sich auf CD brennen)
	Holt ein Bild vom Scanner und legt es im geöffneten Album ab
	Holt ein Bild von der Digitalkamera und legt es im geöffneten Album ab
	Zeigt eine Diaschau der markierten Bilder an
	Brennt ein Album in der vorliegenden Form auf CD-ROM
	Ruft PhotoImpact auf und zeigt dort das markierte Bild an

Hinweis

Selbstverständlich funktionieren die Brennen-Funktionen nur, wenn auch ein CD-Brenner in den Computer eingebaut ist.

Die Alben auf der Palette

Ganz links ist die Albumpalette zu finden. Hier sehen Sie alle Alben, die mit dem Programm PhotoImpact Album erstellt wurden. Neben dem Album *Demo* sind noch einige weitere Alben aufgeführt. Fahren Sie mit dem Mauszeiger über ein solches Album, so zeigt eine Quickinfo den Speicherort des Albums an.

3. Fotoalbum

> **Hinweis**
>
> Nur das Album *Demo* wurde bei der Installation auf die Festplatte gespeichert. Wollen Sie die anderen Alben einsehen, so müssen Sie die CD-ROM in das entsprechende Laufwerk einlegen.

Die Albumpalette

Um ein Album zu öffnen reicht es, einmal in der Leiste auf das entsprechende Albumsymbol zu klicken. Um es zu schließen, klicken Sie das weiße Kreuz im roten Kästchen rechts oben in der Fensterecke des geöffneten Albums an.

Oberhalb der Albumpalette sind vier kleine Symbole zu finden:

◆ Mit dem ersten öffnen Sie das *Album Management*. Aus dem Menü, das sich nach dem Anklicken öffnet, wechseln Sie in den *Album-Manager*, bearbeiten die *Optionen* oder aktivieren bzw. deaktivieren die vorhandenen Alben.

◆ Mit dem zweiten Symbol starten Sie eine Miniatur-*Wiedergabe* im Albumsymbol bzw. stoppen diese durch erneutes Anklicken.

◆ Mit den folgenden beiden Schaltern scrollen Sie in der Albumleiste nach oben und nach unten.

Den Status anzeigen

In der Statusleiste bekommen Sie ständig Informationen angezeigt. Sie können aber auch einige Dinge beeinflussen. Gleich die ersten beiden winzigen Symbole haben es in sich. So schalten Sie mit dem ersten Symbol in den Kompaktmodus. Klicken Sie einmal darauf, verschwindet das große Albumfenster. Sie sehen dann nur noch eine Werkzeugleiste und eine schmale Albumleiste. Das ist sehr hilfreich, wenn Sie noch mit einer anderen Anwendung (z. B. mit einer Textverarbeitung) arbeiten und zwischendurch immer wieder einen Blick in das Album werfen wollen, etwa um Bilder dem Text zuzuordnen.

So kommen Sie zurück zum Normalmodus:

1. Klicken Sie erneut auf das erste Symbol (das jetzt ein geöffnetes Buch anzeigt) und ...

2. ... wählen Sie aus dem Kontextmenü den Befehl *Wechseln zu Normalmodus*.

So sieht PhotoImpact Album im Kompaktmodus aus.

3. Fotoalbum

Der zweite kleine Schalter in der Statusleiste lässt Änderungen am Layout zu. Sie finden die vier Ansichtsymbole der Standardleiste im Kontextmenü wieder, wenn Sie diesen Schalter anklicken, aber auch den Befehl *Layout*. Öffnen Sie das Dialogfenster, finden Sie viele Einstellmöglichkeiten für die Albumanzeige. Sie können jetzt selbst festlegen, wie die Miniaturabbildung aussehen soll, welche Attribute und Dateieinträge angezeigt werden sollen etc.

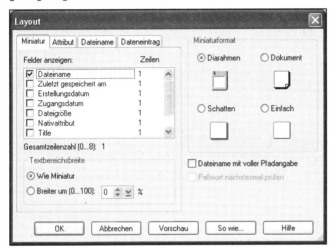

Passen Sie das Layout Ihrer Alben individuell an.

Tipp

Die Größe der Miniaturbilder können Sie schnell verändern, wenn Sie den kleinen Schalter neben der Größenanzeige in der Statusleiste aufklappen und eine andere Größe auswählen.

Ein neues Album anlegen

Nachdem Sie sich nun gut im Programm auskennen, sollten Sie ein eigenes, neues Album anlegen. Dazu gehen Sie folgendermaßen vor:

1. Wählen Sie *Datei* > *Neu* oder klicken Sie auf die Schaltfläche *Neu*. Alternativ können Sie auch die Tastenkombination [Strg] + [N] drücken.
2. Im Dialog *Neu* wählen Sie zunächst eine *Albumvorlage*. Für dieses Beispiel nehmen wir *Fotoalbum*.
3. Geben Sie einen *Titel* für das Album ein.

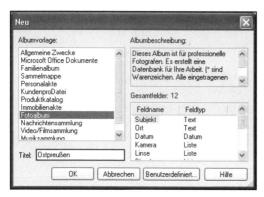

4. Bestätigen Sie mit *OK*.
5. Aktivieren Sie *Dateien aus Ordner einfügen* und klicken Sie auf *OK*.
6. Suchen Sie im Dialog *Dateien einfügen* den gewünschten Ordner, der die Bilder enthält.
7. Markieren Sie die Bilder, die eingefügt werden sollen, und bestätigen Sie mit der Schaltfläche *Einfügen*. Sie können in der Statusleiste verfolgen, wie die Bilder in das Album eingefügt werden.
8. Klicken Sie auf *Schließen*, um den Vorgang zu beenden.

Das neue Album steht Ihnen zur Verfügung und wird auch in der Albumpalette angezeigt.

Das neue Album ist fertig und eingefügt.

Standard und individuell

Im Dialog *Neu* werden Sie sicher festgestellt haben, dass unter den Albumvorlagen nicht nur solche für Bilder, sondern beispielsweise auch welche für Office-Dokumente vorhanden sind. Sie können also PhotoImpact Album auch für eine bildübergreifende Dateiverwaltung benutzen. Wenn Sie das allerdings ausprobieren, werden Sie schnell feststellen, dass es nicht viel Sinn macht. Ein schneller Betrachter für Office-Dokumente ist z. B. nicht enthalten und wenn man immer zuerst die Originalanwendung laden muss, vergeht schon viel Zeit. Und ganz ehrlich: Wer will schon die Eier legende Wollmilchsau? PhotoImpact Album als reines Bildverwaltungsprogramm ist schon stark genug – warum soll es zweckentfremdet werden?

Andererseits können Sie aber auch individuelle Alben anlegen. Nehmen wir einmal an, Sie wollen das PhotoImpact Album zur Teileverwaltung für Ihr Ersatzteillager verwenden. Gehen Sie folgendermaßen vor, um ein entsprechendes Album zu erstellen:

1. Öffnen Sie den Dialog *Neu* (über das Menü *Datei* oder die Schaltfläche *Neu*).
2. Klicken Sie auf den Schalter *Benutzerdefiniert*.
3. Geben Sie auf der Registerkarte *Allgemein* einen Titel ein, für dieses Beispiel: "Teileverwaltung".
4. Wählen Sie über die Schaltfläche *Blättern* einen Ordner, in dem die Bilder gespeichert werden sollen.
5. Geben Sie unter *Beschreibung* eine kurze Erklärung zu dieser Vorlage ein.

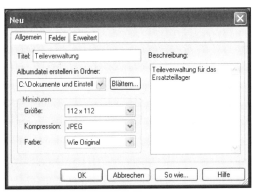

6. Wählen Sie das Register *Felder*.
7. Tragen Sie bei *Feldname* "Nr." ein und wählen Sie bei *Feldtyp* "Zahl". Bestätigen Sie mit *Anfügen*.
8. Tragen Sie bei *Feldname* "Bezeichnung" ein und wählen Sie bei *Feldtyp* "Text". Bestätigen Sie erneut mit *Anfügen*.
9. Markieren Sie in der rechten Liste den Begriff *Subjekt* und löschen Sie ihn mit der Schaltfläche *Entfernen*.

10. Markieren Sie *Dateien aus Ordner einfügen* und bestätigen Sie mit *OK*.
11. Suchen Sie den Ordner und markieren Sie die Dateien.
12. Fügen Sie die Dateien über *Einfügen* ein und ...
13. ... beenden Sie den Vorgang über *Schließen*.
14. Klicken Sie in der Standardleiste auf *Anzeigen im Dateneintragsmodus* und fügen Sie die nötigen Feldbeschreibungen je Bild hinzu.

Ihre Teileverwaltung ist fertig und kann als Album benutzt werden. Vielleicht ist dieses Beispiel für Sie nicht brauchbar. Sie werden aber sicher anhand der Beschreibung ein individuelles Albumkonzept für Ihre eigenen Bedürfnisse erstellen können.

Ein neues Bild in das Album holen

Sie müssen PhotoImpact Album nicht verlassen, um Bilder hineinzukleben, die noch nicht im Computer gespeichert sind. Wenn Sie sich in *Kapitel 2: Bilder in den Computer bekommen* mit dem Einscannen bzw. Einlesen von der Digitalkamera vertraut gemacht haben, dann wissen Sie im Prinzip schon, wie das auch in PhotoImpact Album funktioniert.

Trotzdem sehen Sie hier noch einmal als Beispiel das Einscannen und gleichzeitige Aufnehmen eines Bildes in ein Album:

1. Öffnen Sie ein bestimmtes (oder beliebiges) Album, in das Sie ein Bild einfügen wollen.
2. Legen Sie das Bild in den Scanner.
3. Klicken Sie in der Standardleiste oder der Werkzeugpalette auf das Scannersymbol oder wählen Sie *Datei > Scanner > [Ihren Scanner] > Datei & Album*.
4. Geben Sie im Dialog *Holen* einen Dateinamen ein und legen Sie unter *Speichern in* einen Ordner fest, in dem die Bilder gespeichert werden sollen. (Sinnvollerweise ist das der Ordner, in dem auch die anderen Bilder aus dem Album gespeichert sind.)
5. Wählen Sie den gewünschten *Dateityp* aus und klicken Sie auf *Speichern*.
6. Anschließend öffnet sich der Scannerdialog; scannen Sie das Bild mit den gewünschten Maßen ein.

Hinweis

Sie müssen den Scannerdialog nicht schließen, um weitere Bilder in das Album zu holen!

3. Fotoalbum

So holen Sie die Bilder auf die Platte und gleichzeitig ins Album.

Tipp

Wenn Sie der Bildbezeichnung eine Nummer anfügen, so zählt das Programm bei allen weiteren Bildern mit – Sie müssen also den Dateinamen nicht jedes Mal neu eingeben. Das ist hilfreich, wenn die Bilder stapelweise eingescannt werden.

Ein Album zeigen

Dass ein Album zur Aufbewahrung von Bildern dient, ist die eine Seite. Die Bilder wollen aber auch angesehen werden. Früher setzte man sich gemütlich auf das Sofa, das Album auf den Knien, und zeigte jedem, der es sehen wollte (oder auch nicht?) Seite für Seite die mit Bildern beklebten Blätter. Heute ist das anders. Jetzt haben Sie ein Notebook auf den Knien oder den Monitor vor Augen; wenn Sie etwas mehr Geld zur Verfügung haben, besitzen Sie vielleicht auch einen Projektor, um die Bilder auf Wand oder Leinwand zu betrachten. PhotoImpact Album macht Ihnen das gesteuerte Vorzeigen leicht:

1. Öffnen Sie das gewünschte Album durch Anklicken in der Albumpalette.

2. Klicken Sie in der Werkzeugpalette auf das Symbol für *Diashow*.
3. Im Dialog *Diashow* stellen Sie auf der Registerkarte *Allgemein* zunächst die *Verzögerung* (in Sekunden) ein.

Hinweis

Beachten Sie bei der Eingabe einer Verzögerung, dass Sie weder einen zu kleinen noch einen zu großen Wert eingeben. Wählen Sie 1 Sekunde, so flitzen die Bilder am Betrachter vorbei. Aber schon 5 Sekunden können lang sein – insbesondere dann, wenn viele Bilder gezeigt werden. Ein Wert von 3 Sekunden reicht in der Regel aus. Soll über die einzelnen Bilder gesprochen werden, so erhöhen Sie diesen Wert ein wenig. Wollen Sie zu einzelnen Bildern etwas erklären, zu anderen nicht, so wählen Sie *Manuell mit Tastatur oder Maus arbeiten*.

4. Bei *Überblendung* können Sie einen *Effekt* einstellen, der beim Bilderwechsel stattfindet. Sie können diesen Effekt aus einer Liste verschiedener Effekte auswählen. Beachten Sie, dass Sie die *Geschwindigkeit* in Richtung *Langsam* korrigieren müssen, damit der Effekt überhaupt wahrgenommen wird.
5. Auf der Registerkarte *Text & Farbe* können Sie festlegen, welche Zusätze angezeigt werden. Haben Sie aussagekräftige Titel vergeben, so können Sie diese mit anzeigen lassen (über *Stelle* und *Ausrichtung* sogar an einer gewünschten Position).
6. Nehmen Sie keine weiteren Einstellungen vor, so wird der Text immer in weißer Farbe und auf schwarzem Hintergrund dargestellt. Durch Anklicken der Flächen können Sie hier andere Farben festlegen.

3. Fotoalbum

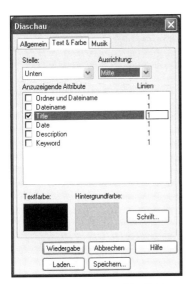

7. Auf der Registerkarte *Musik* können Sie eine Musik festlegen, die bei der Diashow abgespielt werden soll. Diese Musik muss natürlich auf der Festplatte vorhanden sein und in der Dateiliste aufgeführt werden.
8. Haben Sie alle Einstellungen vorgenommen, so klicken Sie auf *Wiedergabe*, um die Diashow zu starten.

> **Tipp**
>
> Selbstverständlich müssen Sie nicht jedes Mal alle diese Einstellungen vornehmen. Möchten Sie ein Album öfters zeigen, so speichern Sie die Einstellungen mit der Schaltfläche *Speichern* ab. Die Einstellungen werden in einer Diaschau-Datei (*.shw) abgelegt.

Ein Bild per E-Mail versenden

Sie wollen einen Freund mit Ihren Bildern beglücken? Schicken Sie es ihm doch per E-Mail. Das geht schnell – Internetverbindung und E-Mail-Account vorausgesetzt. Gehen Sie dazu folgendermaßen vor:

1. Markieren Sie die Bilder, die Sie versenden wollen.
2. Klicken Sie in der Werkzeugpalette auf den Schalter mit dem Symbol eines Briefes (*Mail senden*).
3. Entscheiden Sie sich, ob *Alle Dateien in einer Mail* geschickt oder *Jede Datei in separaten Mails* geschickt werden sollen.
4. Bestätigen Sie mit *OK*.

> **Hinweis**
>
> Haben Sie nur wenige Bilder, ist die erste Option anzuraten. Wollen Sie viele Bilder verschicken, kann die zweite Option die sinnvollere sein. Wird die Übertragung aus irgendeinem Grund unterbrochen, müssen Sie nicht ganz von vorn anfangen, sondern nur noch die Bilder senden, die nicht durchgegangen sind. Eine zu große Mail kann außerdem ein Postfach verstopfen oder zurückgewiesen werden. Manche Provider bieten nämlich nur einen begrenzten Speicher für das E-Mail-Postfach an.

5. Ihr Mailprogramm (z. B. Outlook) öffnet sich und zeigt, dass die Bilder bereits an eine neue Nachricht angehängt wurden. Ergänzen Sie die Mail um eine Adresse, einen Betreff und evtl. um eine Nachricht.
6. Klicken Sie auf *Senden*.
7. Stellen Sie eine Internetverbindung her und versenden Sie die soeben erstellte E-Mail.

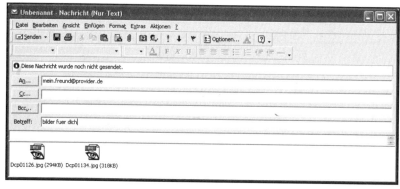

Verschicken Sie Bilder direkt aus Ihrem Fotoalbum per E-Mail.

Das PhotoImpact Album ist die ideale Ergänzung zu PhotoImpact. Sie werden es sicher bald nicht mehr missen wollen, denn es hilft Ihnen nicht nur, Ordnung in Ihrer Bildersammlung zu halten, sondern auch bei der Betrachtung und Anzeige der Bilder.

4. Bilder verbessern

In diesem Workshop lernen Sie anhand ausführlicher Schritt-für-Schritt-Anleitungen, wie Sie Ihre Bilder sinnvoll mit PhotoImpact verbessern können. Das Programm bietet hierzu zahlreiche Funktionen, die diesen Zweck zuverlässig erfüllen.

Bilder drehen

Mit der Digitalkamera fotografiert man oft, wie mit den analogen Kameras auch, nicht nur im Querformat. Die im Hochformat erstellten Bilder müssen aber, sofern die Kamera dies noch nicht erledigt hat, mit dem Bildbearbeitungsprogramm gedreht werden. Wie Sie diese einfache Funktion ausführen, lesen Sie hier:

1. Öffnen Sie die Bilder, die gedreht werden müssen, in PhotoImpact. Dazu wählen Sie *Datei > Öffnen*.
2. Stellen Sie die Anzeige der Dateien am besten auf Miniaturansicht um. Das hat den Vorteil, dass Sie sofort die Bilder erkennen, die Sie noch drehen müssen. Klicken Sie dazu im Dialog *Öffnen* auf den Auswahlpfeil am Symbol *Menü Ansicht* und wählen *Miniaturansicht* aus.
3. Suchen Sie sich ein Bild aus, das Sie drehen möchten.

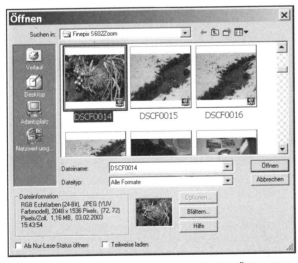

4. Bestätigen Sie, indem Sie auf die Schaltfläche *Öffnen* klicken.

5. Um das Bild zu drehen wählen Sie nun aus dem Menü *Bearbeiten* die Funktion *Drehen & Spiegeln* aus. Drehen Sie das Bild nun um 90° nach links oder nach rechts.

Das Bild wurde mit der Funktion Bearbeiten > Drehen & Spiegeln > Drehen nach links um 90° *in die richtige Lage gebracht.*

Bilder um kleine Winkel drehen

Nicht immer haben die entstandenen Fotos die gewünschte Lage. Oftmals sind sie leicht verdreht, weil sich beim Fotografieren keine Gelegenheit bot, die Kamera exakt gerade zu halten. Das funktioniert am besten mit einem Stativ. Doch wer schleppt schon ständig ein sperriges Stativ mit sich herum? Kanten von Häuserwänden eignen sich im Allgemeinen recht gut dazu, die Kamera genau senkrecht zu halten. Das ist vor allem dann sinnvoll, wenn im Hochformat fotografiert werden soll. Außerdem wird dadurch dem Verwackeln der Aufnahmen vorgebeugt.

4. Bilder verbessern 73

Die Stadt Rothenburg o. d. Tauber, leider mit schiefem Horizont.

Sollten die Bilder dennoch leicht verdreht sein, ist das auch nicht allzu tragisch, da Sie mit PhotoImpact die Bilder auch um kleine Winkel drehen können. Wie Sie das richtig machen, erfahren Sie im Folgenden:

1. Die zum Drehen nötigen Funktionen finden Sie in der Attributleiste. Sollte diese nicht eingeblendet sein, klicken Sie mit der rechten Maustaste in einen freien Bereich der Menüleiste. Im Kontextmenü markieren Sie nun die Attributleiste mit einem Häkchen, indem Sie den Eintrag anklicken.

Hinweis

Schauen Sie sich in *Kapitel 1: PhotoImpact 8 kennen lernen, installieren und anpassen* das letzte Unterkapitel *PhotoImpact bedienen* noch einmal an, wenn Ihnen die Begriffe Menüleiste, Attributleiste etc. noch unklar sind.

2. Klicken Sie dann in der Werkzeugleiste auf das Verformwerkzeug-Symbol. Alternativ können Sie das Werkzeug auch mit der Taste (Q) aufrufen. Jetzt erscheinen einige Funktionsschalter in der Attributleiste.
3. Unter der Option *Drehwinkel* können Sie einen beliebigen Winkel eingeben. Probieren Sie einige Winkel aus, bis das Bild gerade ist. Alternativ können Sie auch die Lineale mit der Tastenkombination (⇧) + (V) einblenden und anschließend den richtigen Winkel über den Tangens berechnen.
4. Geben Sie eine Zahl ein und drehen Sie das Bild um diesen Winkel nach links oder rechts, indem Sie auf die entsprechenden Schalter neben dem Eingabefeld klicken.

5. Da beim Drehen der Bilder unweigerlich freie Flächen an den Ecken entstehen, muss nun der Bildausschnitt neu gewählt werden. Hierzu wählen Sie in der Werkzeugleiste das Zuschneidewerkzeug aus, das Sie auch mit der Taste (R) aktivieren können.
6. Klicken Sie nun mit dem Mauszeiger in das Bild und ziehen Sie mit gedrückter linker Maustaste ein Rechteck. Der Bereich außerhalb des Rechtecks ist nun rot eingefärbt. Außerdem befinden sich an den Ecken und in der Mitte der Ränder des Rechtecks kleine Kästchen. Mit diesen Kästchen können Sie die Größe des Rechtecks verändern.
7. Begrenzen Sie den auszuschneidenden Bereich.

4. Bilder verbessern

8. Beschneiden Sie das Bild jetzt, indem Sie auf die Schaltfläche *Zuschneiden* in der Attributleiste klicken.

Rothenburg o. d. Tauber gerade und ins rechte Licht gerückt.

Tonwertkorrektur durchführen

Nachdem das Bild in die richtige Position gebracht wurde, ist der nächste Schritt, der immer durchgeführt werden sollte, die Tonwertkorrektur. Besonders bei Bildern, die mit einer Digitalkamera gemacht wurden, bietet sich diese einfache, aber sinnvolle Art der Bildverbesserung an. Die Filme, die in analogen Kameras eingesetzt werden, sind nach wie vor in der Lage einen größeren Tonwert- und Helligkeitsumfang abzulichten als Digitalkameras. Lediglich die Super-CCD-Sensoren der 4. Generation von Fujifilm kommen dem analogen Film wesentlich näher, was die Helligkeitsabstufungen angeht.

Die Fujifilm Finepix S602 Zoom besitzt einen Super-CCDIII-Sensor, der eine hohe Lichtempfindlichkeit aufweist.

Bei der Tonwertkorrektur werden die in der Bildinformation enthaltenen Helligkeits- und Tonwertabstufungen über den gesamten Tonwertumfang gestreckt. Dadurch lässt sich ein häufig auftretender flauer Bildeindruck beseitigen, da das Bild nach der Tonwertkorrektur sowohl weiße als auch schwarze Tonwerte enthält.

Und so gehen Sie bei der Tonwertkorrektur vor:

1. Öffnen Sie ein Bild, an dem Sie eine Tonwertkorrektur durchführen möchten.
2. Wählen Sie dann im Menü *Format* die Funktion *Grad* ...
3. Im Funktionsfenster *Grad* können Sie nun in dem dazugehörigen Histogramm sehen, welchen Tonwertumfang das Bild besitzt. Im Feld *Kanal* können Sie zwischen den Helligkeitswerten und den RGB-Farbkanälen wählen, um diese einzeln bearbeiten zu können.

Hinweis

Eine automatische Tonwertkorrektur erreichen Sie, indem Sie auf die Schaltfläche *Strecken* klicken.

4. Bilder verbessern

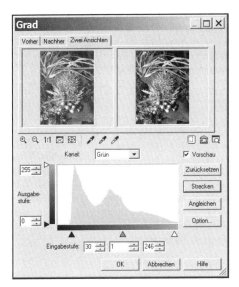

4. Unter dem Tonwertdiagramm finden Sie einen Balken, der die Helligkeits- bzw. Tonwertverteilung im Bild anzeigt. Um die Tonwertkorrektur manuell vorzunehmen, klicken Sie auf den linken Regler unter dem Balken und ziehen diesen an den Anfang der Kurve im Tonwertdiagramm. Genauso verfahren Sie mit dem linken Regler. Die dunkelsten bzw. hellsten Bildinformationen werden nun als Schwarz bzw. Weiß definiert. Der Tonwertbereich wird also über den gesamten Tonwertumfang gestreckt.

5. Mit dem mittleren Regler können Sie im Kanal *Meister* die Helligkeit regeln und in den Farbkanälen die Sättigung der einzelnen Farben.

An diesem Bild können Sie gut die Auswirkungen der Tonwertkorrektur erkennen. Die linke Hälfte ist noch im Zustand vor, die rechte dagegen nach der Tonwertkorrektur.

Farbanteile korrigieren

Immer wieder kommt es vor, dass ein Foto einen deutlichen Farbstich hat, d. h. eine Farbe scheint das Bild zu dominieren, so dass z. B. Weißtöne nicht mehr weiß sind, sondern farbig erscheinen.

Dies tritt besonders häufig auf, wenn der Weißabgleich der Digitalkamera nicht richtig funktioniert hat. Mit PhotoImpact lassen sich diese Farbstiche jedoch leicht korrigieren.

> **Hinweis**
>
> **Weißabgleich**
> Tageslicht, Glühlampen, Leuchtstoffröhren, bewölkter Himmel und andere Faktoren verfälschen oftmals die natürliche Farbwiedergabe. Fotografieren wir ein weißes Blatt Papier bei Tageslicht und mit derselben Einstellung unter Glühlampenbeleuchtung, so ist das Blatt auf dem Foto im Tageslicht weiß und wirkt dagegen im Kunstlicht eher gelblich.
>
> Aus diesem Grund verfügen moderne Digitalkameras mittlerweile über einen umfangreichen Weißabgleich um eine naturgetreue Farbwiedergabe zu erreichen. Die Kamera erkennt oft automatisch die Art der Lichtquelle und wählt eine entsprechende Einstellung. Bei vielen Kameras kann man auch manuell unter verschiedenen vorprogrammierten Modi wählen.

Vor dem Korrigieren der Farbanteile sollten Sie *keine* Tonwertkorrektur durchführen, da sonst zu viele Bildinformationen verloren gehen. Führen Sie die Tonwertkorrektur nach der Korrektur der Farbanteile aus.

Und so geht's:

1. Öffnen Sie ein Bild mit einem Farbstich in PhotoImpact. Wählen Sie dazu in der Menüleiste *Datei > Öffnen*. Stellen Sie die Miniaturansicht ein um das Bild schneller finden zu können.

2. Rufen Sie im Menü *Format* die Funktion *Farbjustierung* auf. Verändern Sie mit den drei Reglern die Farbanteile, bis der Farbstich nicht mehr zu sehen ist. Wenn sich vor allem viele helle Farbflächen im Bild befinden, dann wählen Sie unter *Farbtonbalance* den Eintrag *Lichter*. Bei vielen dunklen Bildbereichen stellen Sie *Schatten* ein.

4. Bilder verbessern 79

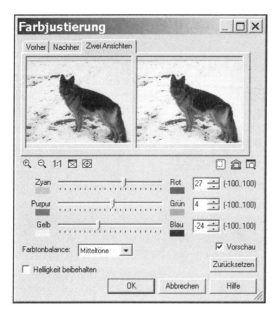

3. Die besten Ergebnisse lassen sich erzielen, wenn Sie in drei Schritten die *Lichter*, *Mitteltöne* und die *Schatten* nacheinander bearbeiten.

Das Hundefoto vor (links) und nach (rechts) der Farbjustierung. Die Verbesserung ist deutlich sichtbar, der Blaustich fast völlig verschwunden.

Farbbilder zu Graustufenbildern machen

In der analogen Fotografie muss sich der Fotograf immer schon vorher für einen Graustufenfilm (Schwarz-Weiß-Film) entscheiden. Dadurch ist er gewissermaßen unflexibel, denn nicht immer eignen sich Motive für Farbbilder oder Schwarz-Weiß-Bilder gleichermaßen. Die digitale Fotografie nimmt dem Fotografen heute diese Entscheidung ab. Farbbilder können jederzeit nachträglich, ohne große Qualitätsverluste, am PC "entfärbt" werden.

Um aus Ihrem Foto ein Schwarz-Weiß-Bild zu machen, befolgen Sie am besten die unten aufgeführte Schritt-für-Schritt-Anleitung:

1. Öffnen Sie das Bild, welches Sie entfärben wollen. Die Funktion dazu finden Sie unter *Datei > Öffnen*.
2. Starten Sie die Funktion *Farbton & Sättigung* im Menü *Format*.

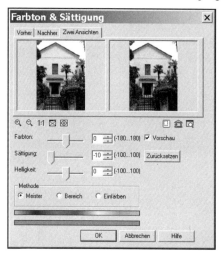

3. Schieben Sie nun den Regler für die *Sättigung* ganz nach links.
4. Bestätigen Sie das Entfärben des Bildes, indem Sie auf die Schaltfläche *OK* klicken.

Tipp

Speichern Sie das Graustufenbild unter einem neuen Namen separat ab. Dann können Sie auch das Farbbild jederzeit wieder bearbeiten. Die Farbinformationen gehen beim Entfärben vollständig verloren.

Schwarz-Weiß- oder Graustufenbilder benötigen viel weniger Speicherplatz, da sie keine Farbinformationen enthalten.

Ein Negativbild erstellen

In der analogen Fotografie liegen die Fotos nach dem Entwickeln zunächst als Negativbild vor, d. h. die hellen Bildbereiche sind dunkel und die dunklen sind hell. Bei der digitalen Fotografie ist das anders. Hier nimmt der CCD-Sensor direkt die positiven Bildinformationen auf, Schwarz bleibt also Schwarz, und Weiß bleibt Weiß. Der Zwischenschritt über das Negativformat ist also nicht erforderlich. Manchmal möchte man diese "negative Darstellung" aber als Effekt nutzen.

Wie Sie aus Ihrem digitalen Positivbild ein Negativbild machen, erfahren Sie in der folgenden Schritt-für-Schritt-Anleitung:

1. Öffnen Sie über *Datei > Öffnen* ein Bild, das Sie zu einem Negativbild machen möchten.
2. Wählen Sie nun unter *Format* die Funktion *Invertieren*.

Positiv- und Negativbild zum Vergleich

Tipp

Falls Ihnen die letzte Bildveränderung bzw. -verbesserung nicht gefällt, können Sie diese ganz einfach mit *Bearbeiten > Rückgängig* wieder aufheben. Alternativ können Sie auch das Rückgängig-Symbol ↺ in der Standardleiste anklicken um denselben Effekt zu erzielen. Dies ist auch mit der Tastenkombination [Strg] + [Z] möglich.

Bilder schärfen

Nicht immer arbeitet der Autofokus hundertprozentig korrekt. Dadurch kann es vorkommen, dass ein Foto leichte Unschärfen aufweist. Das passiert besonders im Makromodus und vor allem dann, wenn der Mindestabstand unterschritten wird. Hierbei ist es von Vorteil, wenn man eine Digitalkamera besitzt, die über einen Supermakromodus verfügt, wie etwa die Fujifilm Finepix S602 Zoom oder die Coolpix 5700 von Nikon.

> **Hinweis**
>
> Bei vielen Digitalkameras werden die Fotos schon automatisch etwas geschärft um den Ersteindruck zu verbessern. Diese Funktion lässt sich aber in der Regel wieder abstellen oder den eigenen Bedürfnissen anpassen.

Um die Unschärfen zu korrigieren gibt es in PhotoImpact eine Funktion, mit der Sie das Foto noch nachträglich etwas schärfen können. Befolgen Sie einfach die unten beschriebene Schritt-für-Schritt-Anleitung:

1. Öffnen Sie ein Bild, das Sie nachträglich schärfen möchten.
2. Wählen Sie aus dem Menü *Format* die Funktion *Brennweite*.

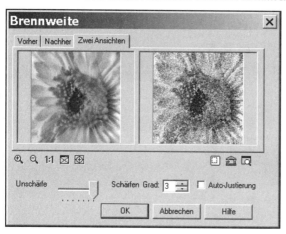

3. Mit dem Unschärfe-Schärfe-Regler können Sie nun die Schärfe in das Bild einbringen. Sollten Sie zu stark schärfen, entsteht ein Rauschen, da beim Schärfen die Kontraste um die Kanten verstärkt werden. (Klicken Sie auf die Schaltfläche *Optionen*, wenn Sie zunächst den Dialog mit Schnellbeispielen erhalten.)

4. Bilder verbessern

Hier drei Schärfestufen (von links): das Original, leicht geschärft und überschärft

Ein 1-Bit-Bild erstellen

Ein Graustufenbild ist ein Schwarz-Weiß-Bild, das von den schwarzen Bildpunkten mehrere Helligkeitsabstufungen enthält. 1-Bit-Bilder enthalten keine Helligkeitsabstufungen mehr. Sie enthalten entweder schwarze *oder* weiße Bildpunkte. Der Vorteil dieser Bilder besteht darin, dass sie sehr wenig Speicherplatz benötigen. Sie haben in etwa die Qualität der früher so beliebten Schattenbilder. Solche Bilder finden vor allem im Internet Verwendung, da es dort besonders auf die geringe Dateigröße ankommt. Aber auch auf Visitenkarten machen sich 1-Bit-Bilder als Logo gut.

> **Hinweis**
>
> **Das richtige Dateiformat für 1-Bit-Bilder**
> Im Internet hat sich vor allem das Dateiformat GIF durchgesetzt. Es besitzt eine sehr starke Datenkompression, kann allerdings nur maximal 256 Farben darstellen (8 Bit). Der Vorteil in diesem Fall: Es kann auch als 1-Bit-Format genutzt werden. Ein weiterer Vorteil ist, dass es auch Transparenzen und Animationen unterstützt.

Farbtiefe

Die Farbtiefe gibt die Anzahl der Helligkeitsstufen pro Farbkanal an. Die Farbtiefe, die von Röhrenmonitoren dargestellt werden kann, ist jedoch auf 32 Bit begrenzt. Scanner und Kameras arbeiten häufig aber mit höheren Farbtiefen, meistens 48 Bit. Je höher die Farbtiefe ist, desto schöner werden die Farbverläufe. Im 1-Bit-Modus gibt es dagegen überhaupt keine Farbverläufe mehr.

Farbtiefe	Farbe
1 Bit	Schwarz/Weiß
4 Bit	16 Farben oder Graustufen (auch indiziertes Farbmodell 4-Bit)
8 Bit	256 Farben oder Graustufen (indiziertes Farbmodell 8-Bit)
16 Bit	65.536 Farben (auch RGB-HiColor)
24 Bit	16,7 Mio. Farben (auch RGB-Echtfarben)
32 Bit	16,7 Mio. Farben + 256 Kontraststufen

Um ein 1-Bit-Bild zu erstellen, gehen Sie so vor:

1. Öffnen Sie ein Bild, dessen Farbtiefe Sie auf ein Bit reduzieren möchten.

2. Wählen Sie aus dem Menü *Format > Schwelle*.
3. Mit dem Regler unter dem Tonwertdiagramm können Sie nun einstellen, ab welchem Helligkeitswert ein Farbton für Schwarz oder Weiß befunden wird. Wenn Sie den Regler nach rechts schieben, werden auch hellere Farben als Schwarz definiert, schieben Sie den Regler jedoch nach links, so werden auch dunklere Farben zu Weiß. Anhand der beiden Vorschaubilder können Sie sehen, welchen Effekt Sie mit der Veränderung des Schwellenwertes erreichen.
4. Bestätigen Sie nun mit *OK*.

Dieses Bild wirkt als 1-Bit-Bild besser als das farbige Original.

4. Bilder verbessern

Bilder mit der Gradationskurve bearbeiten

Anders als bei der Tonwertkorrektur werden die Tonwerte mit der Gradationskurve nicht über den gesamten Helligkeitsbereich gestreckt, sondern vielmehr neu definiert. So lässt sich beispielsweise festlegen, ab welchem Tonwert eine helle Farbe als Weiß definiert werden soll. Alternativ kann man aber auch die Schatten bzw. die dunklen Bereiche in einem Bild verstärken, indem dunkle Tonwerte noch dunkler definiert werden.

Nebenbei bietet die Gradationskurvenfunktion in PhotoImpact aber auch noch einige andere Funktionen:

Dieser verknöcherte Baum wurde in Würzburg am Hafen aufgenommen. Leider war das Wetter nicht so gut und das Foto ist zudem auch noch unterbelichtet. Mit der Gradationskurve lässt sich hier aber noch einiges machen.

Ein Farbton auf Weiß setzen

Die Gradationskurvenfunktion, die PhotoImpact bereithält, ermöglicht es eine beliebige Farbe im Bild als Weiß zu definieren. Dabei werden alle Helligkeitswerte, die heller als der gewählte Bereich sind, auf Weiß reduziert. Wer also einen sehr dunklen Farbton auswählt, erhält ein überwiegend weißes Bild. Diese Funktion sollte entsprechend mit Bedacht eingesetzt werden.

Und so gehen Sie dabei vor:

1. Öffnen Sie ein Bild, welches Sie mit der Gradationskurve bearbeiten möchten, sofern es noch nicht geöffnet ist.

2. Wählen Sie unter *Format* die Funktion *Gradationskurven*. Wenn Sie überwiegend mit der Tastatur arbeiten, geht das auch mit dieser Tastenkombination: [Strg] + [⇧] + [T].
3. Klicken Sie über dem Histogramm die rechte der drei Pipetten an.
4. Wählen Sie nun im linken Vorschaubild mit der Pipette einen Farbton aus und klicken Sie diesen im Vorschaubild an. Im rechten Bild werden Sie dann sehen, welche Auswirkung das haben wird.

5. Beenden Sie diesen Schritt nun, indem Sie auf die Schaltfläche *OK* klicken.

Die Gradationskurve direkt bearbeiten

Mit der Gradationskurve können Sie die Tonwerte praktisch jedes einzelnen Bildpunktes verändern. Die Kunst besteht aber darin, nur dort Veränderungen vorzunehmen, wo es zu einer Bildverbesserung führt.

Wie Sie Ihr Bild mit der Gradationskurve verbessern, lernen Sie im Folgenden:

1. Öffnen Sie ein Bild, das Sie mit der Gradationskurve verbessern möchten.
2. Klicken Sie auf die Linie im Histogramm. So setzen Sie Steuerpunkte auf der Gradationskurve, die es Ihnen ermöglichen die Kurve zu verändern.

4. Bilder verbessern

3. Um mehr Details aus den Schatten, also aus den dunkleren Bereichen zu holen, muss die Kurve anfangs etwas steiler verlaufen. Ziehen Sie dazu den ersten gesetzten Steuerpunkt nach links unten. Suchen Sie sich eine Kurvenform, die ein befriedigendes Ergebnis liefert.
4. Setzen Sie einen weiteren Steuerpunkt auf die Kurve.
5. Um die zu hell wirkenden Bereiche zu verändern, ziehen Sie nun den zweiten Steuerpunkt in die Nähe des Mittelpunktes des Histogramms. Sie nähern die Kurve dadurch der Ausgangssituation wieder an, allerdings nur in den Mitteltönen.
6. Setzen Sie eventuell noch weitere Steuerpunkte um die Kurve weiter zu verändern.
7. Bestätigen Sie die Verbesserung mit einem Klick auf den Button *OK*.

Das Bild wirkt nun nicht mehr so düster und es sind wesentlich mehr Details zu erkennen.

Weitere Funktionen des Gradationswerkzeugs

Natürlich bietet dieses Werkzeug noch mehr Funktionen um in die Tonwerte, Helligkeit und Kontrast eines Bildes einzugreifen.

Voreingestellte Gradationskurven

Für den Einsteiger werden einige voreingestellte Kurven bereitgestellt.

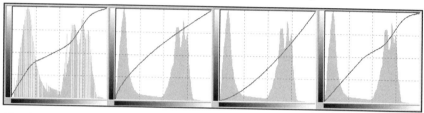

Photolmpact stellt mehrere voreingestellte Gradationskurven zur Verfügung (von links nach rechts): Lichter und Schatten, Mitteltöne aufhellen, Mitteltöne abdunkeln, Lichter

Diese Kurven finden Sie unter *Aufbesserung*.

Pipettenfarben in der Gradationskurve ändern

Mit den Pipetten können Sie farbige Flächen nicht nur in einen Grauton, Schwarz oder Weiß einfärben, sondern auch in jede beliebige andere Farbe. Das ist etwa sinnvoll um dem Himmel ein anderes Blau zu geben.

Wie Sie die Pipettenfarben ändern können, erfahren Sie im Folgenden:

1. Öffnen Sie das Bild in Photolmpact, dessen Himmelsblau Sie ändern wollen.

4. Bilder verbessern 89

2. Wählen Sie aus dem Menü *Format* die Funktion *Gradationskurve* ...
3. Um eine andere Farbe einzustellen klicken Sie auf die Schaltfläche *Option* ...
4. Klicken Sie dann unter *Schwarz/Grau/Weiß-Farben* auf das Farbfeld einer der Pipetten.
5. Im Fenster *Ulead Farbwähler* suchen Sie sich nun einen neuen Blauton für den Himmel aus.
6. Bestätigen Sie dann die Farbauswahl mit *OK*.

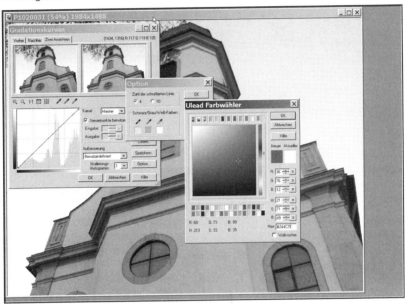

7. Betätigen Sie auch im Fenster *Option* ... den Button *OK* mit einem Mausklick.
8. Wählen Sie nun die Pipette aus, deren Farbe Sie geändert haben, und klicken Sie damit in einen hellen Bereich des linken Vorschaubildes. Im rechten Vorschaubild wird Ihnen dann der geänderte Farbton gezeigt.
9. Wenn Sie mit dem Ergebnis zufrieden sind, können Sie endgültig mit *OK* bestätigen. Stellt Sie das Ergebnis jedoch nicht zufrieden, klicken Sie auf die Schaltfläche *Zurücksetzen* und wählen mit der Pipette einen helleren oder dunkleren Farbbereich im Bild aus. Oder Sie wählen, wie oben beschrieben, erneut eine andere Farbe für die Pipette aus.

Die Dorfkirche diesmal bei Nacht

Die Gradationskurve selbst zeichnen

In der Regel verändert man die Gradationskurve, indem man einige Steuerpunkte hinzufügt und diese zum Verformen der Kurve einsetzt. Eine andere Möglichkeit die Gradationskurve zu verändern besteht darin, sie selbst frei zu zeichnen. Das bietet sich an, wenn Sie den gewünschten Kurvenverlauf mit den Steuerpunkten nicht hinbekommen oder einfach kreative Effekte erzielen möchten. Um die Kurve frei zu zeichnen, gehen Sie folgendermaßen vor:

1. Öffnen Sie ein Bild.
2. Rufen Sie die *Gradationskurve* im Menü *Format* auf.
3. Vor *Steuerpunkte benutzen* befindet sich ein Kästchen mit einem Haken. Klicken Sie in das Kästchen, damit der Haken verschwindet.
4. Ziehen Sie jetzt mit gedrückter linker Maustaste im Kurvendiagramm eine beliebige Linie.

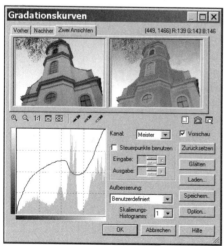

4. Bilder verbessern

5. Klicken Sie auf die Schaltfläche *Glätten* um die frei gezeichnete Kurve etwas zu "entschärfen".
6. Sollten Sie eine Kurve gezeichnet haben, deren Ergebnis Ihren Erwartungen entspricht, dann bestätigen Sie diese Bearbeitung Ihres Bildes mit einem Klick auf die Schaltfläche *OK*.
7. Speichern Sie anschließend das Bild ab. Somit ist es auch bei einem Systemabsturz sicher, der bei manchem Betriebssystem hin und wieder auftreten kann.

Tipp

Speichern Sie das bearbeitete Bild unter einem neuen Namen, am besten noch in einem anderen Ordner und auf einem anderen Medium ab. Somit können Sie immer wieder auf das Original zugreifen und haben gleichzeitig etwas für die Datensicherung getan.

Vielleicht stehen Ihnen in Zukunft noch leistungsfähigere Bildbearbeitungsmöglichkeiten zur Verfügung. Dann können Sie diese mit denen vergleichen, die Ihnen PhotoImpact aktuell bietet. Allzu groß werden die Unterschiede aber kaum ausfallen, da PhotoImpact schon sehr ausgereifte Funktionen mitbringt.

5. Bilder drucken

Obwohl die digitalen Bilder im Computer nicht schlecht aufgehoben sind und auch das "Vorzeigen" der Bilder mit dem Computer möglich ist (siehe *Kapitel 3: Fotoalbum*), wird sicher das ein oder andere Mal gewünscht werden, das Bild ausgedruckt zu sehen. Davon, wie Sie Ihre Bilder richtig zu Papier bringen, handelt dieses Kapitel.

Wie Sie Ihre Bilder für den Druck aufbereiten, haben Sie bereits in *Kapitel 4: Bilder verbessern* erfahren. Auch die Projekte der Kapitel 7, 8, 11 und 12 geben Ihnen dazu noch Ratschläge und Tipps. Für die Durcharbeitung dieses Kapitels reicht es aber, wenn Sie mit Ihrem Computer vertraut sind und einige Bilder auf der Platte haben, die auszudrucken es sich lohnt.

> **Hinweis**
>
> Bilder zu Papier zu bringen kostet Geld, ganz gleich ob Sie die Bilder im Fotolabor ausdrucken lassen oder den eigenen Drucker bemühen. Umso wichtiger ist es, sich vor dem Ausdruck genau zu überlegen, was Sie haben wollen. Drucken Sie immer erst dann, wenn Sie sicher sind, im Vorfeld alles für eine gute Bildqualität getan zu haben. Die Funktion *Vorschau* hilft Ihnen vor dem Druck bereits einen Eindruck vom Ergebnis zu bekommen.

Selbst machen oder machen lassen?

Grundsätzlich gibt es zwei Varianten, Ihre Bilder zu Papier zu bringen:

- Sie drucken die Bilder selbst mit Ihrem Computer und Ihrem Drucker aus.
- Sie bringen die Bilder in ein Fotolabor, das sich dann um den Ausdruck kümmert.

Für beide Möglichkeiten gibt es Gründe, die dafür und dagegen sprechen. Schauen wir uns also diese Varianten etwas näher an. Vermutlich werden Sie dann feststellen, dass beide Varianten für Sie in Frage kommen – je nachdem.

Fremdgehen ist angesagt

Auf die gleiche Weise, wie Sie Ihre Filme ins Fotogeschäft bringen, das diese an das Fotolabor weitergibt, welches dann den entwickelten Film und Papierabzüge zurückbringt, so können Sie auch Ihre digitalen Bilder abgeben. Wie? Manche Fotolabors nehmen einfach alles: Diskette, ZIP-Diskette, CD-ROM, DVD, Speichermedium (CompactFlash, SmartMedia etc.), manchmal sogar eine Festplatte, wenn die Kapazität der anderen Medien zur Aufnahme aller Bilder nicht reicht. Auch über das Internet ist die Abgabe der Bilder möglich.

Fotos bearbeiten mit PhotoImpact 8

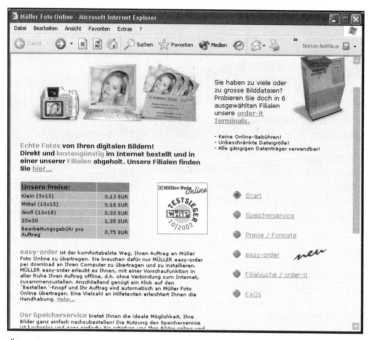

Übers Internet bestellen Sie Abzüge Ihrer digitalen Fotos beim Drogeriemarkt ...

In der folgenden Tabelle finden Sie Adressen einiger Bilderdienste, mit denen Sie sich über das Internet austauschen können. Manche senden Ihnen anschließend die Bilder per Post zu, bei einigen Bilderdiensten können Sie sie auch in Filialen oder Fachgeschäften abholen.

Bilderdienst	Internetadresse
AGFA	www.agfanet.com/de
Foto Quelle	www.fotoquelle.de
Fujicolor	www.fujicolor-order.net
Kodak	www.kodak.de
Foto Porst	www.porst.de
Drogeriemarkt Mueller	www.mueller.de
Plus	www.plus.de
Saturn	www.saturn.de
Schlecker	www.schlecker.com
MediaMarkt	www.mediamarkt.de

5. Bilder drucken

> **Tipp**
>
> Gehen Sie aber auch einmal ins örtliche Fotofachgeschäft. Viele haben sich schon an das digitale Zeitalter angepasst. Der Vorteil für Sie liegt darin, dass Sie über Ihre Wünsche sprechen können und Tipps und Hinweise bekommen, wie es in Zukunft zu besseren Fotos kommt. Möglicherweise kann der Fachmann oder die Fachfrau auch noch einmal korrigierend eingreifen.

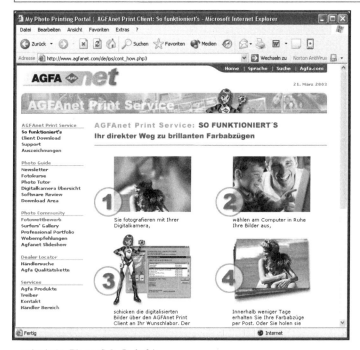

... oder beim Filmprofi (z. B. Agfa).

Beim Übertragen Ihrer Bilder über das Internet werden Sie aber schnell an die Grenzen dieser Methode kommen. Je besser die Bilder sind, desto größer ist die Datei. Wenn Sie nicht gerade DSL haben, kann der Upload (das Senden der Bilder zum Bilderdienst) bei größeren Bildermengen ganz schön lange dauern. Da ist dann doch eher der Spaziergang in die nächste Filiale angesagt, mit einem Datenträger in der Tasche.

Vorteile dieser Art des Ausdrucks digitaler Fotos sind:

- ◆ Abzüge auf Fotopapier in den passenden Größen
- ◆ Insbesondere bei Mehrfachabzügen kostengünstig
- ◆ Kein Verschleiß mechanischer Geräte (Ihr Drucker!)
- ◆ Andere arbeiten – und Sie halten das Ergebnis in der Hand.

> **Hinweis**
>
> Beachten Sie, dass Sie vor der Übertragung von Bildern meist eine Anmeldung vornehmen und bei manchen Anbietern auch eine spezielle Software zum Übertragen laden und installieren müssen.

Selbst drucken

Die Zeiten, in denen neun oder vierundzwanzig Nadeln das Papier malträtieren und ein Geräusch erzeugen, das dem des Bohrers des Zahnarztes sehr nahe kommt, sind weitgehend vorbei. Diese Geräte stehen nur noch in Unternehmen, in denen ein Durchschlag oder ähnliche Gründe diese Technologie erfordern. Insbesondere Tinte spritzende Geräte haben den Markt und die Haushalte erobert. Alle Geräte neuerer Bauart beherrschen den Farbdruck – und seit einiger Zeit viele Geräte auch den Fotodruck. Vermutlich ist auch Ihr Drucker in der Lage, Fotos ansprechend zu Papier zu bringen. Wenn Sie gerade vor der Aufgabe stehen, solch ein Gerät zu kaufen, dann laufen Sie nicht gleich ins nächste Fachgeschäft und kaufen das erstbeste Sonderangebot, das sich Ihnen bietet. Investieren Sie lieber in eine aktuelle Fachzeitschrift. Fast regelmäßig werden Drucker getestet und vorgestellt. Schauen Sie sich diese Tests an und kaufen dann gezielt den Drucker, der Ihren Vorstellungen am nächsten kommt. Möglicherweise ist er teurer als das Angebot, das Sie in der Zeitungsbeilage gesehen haben. Der Schein trügt aber nur allzu oft. Geschwindigkeit, Auflösung, Tintenverbrauch und Verschleiß spielen eine Rolle, und nicht selten erweist sich der etwas teurere Drucker als der preiswertere.

Auch Farblaserdrucker werden immer preiswerter. Da sie aber immer noch für die meisten unerschwinglich sind, werden sie in diesem Buch nicht weiter behandelt.

Ausführlich kann auf dieses Thema hier ohnehin nicht eingegangen werden. Zu schnell verändern sich Angebot und Nachfrage. Neue Geräte kommen rasend schnell auf den Markt, und schließlich geht es in diesem Buch ja auch um das Programm PhotoImpact und in diesem Kapitel um den Ausdruck von Fotos.

Neben dem Drucker sind die richtigen Druckmittel (Patronen) und Druckträger (Papier) wichtig. Um Fotos vernünftig auszudrucken, eignet sich eigentlich nur Fotopapier. Für weniger hochwertige Ausdrucke oder Image-Print-Ausdrucke kann auch hochwertiges Papier für den Farbdruck genommen werden.

> **Tipp**
>
> Schauen Sie sich auch Tests von Druckmedien (Fotopapier) und Druckertinten an, die hin und wieder in Fachzeitschriften veröffentlicht werden.

Dafür, die Bilder selbst auszudrucken, spricht:

- Sie können sofort über die Bilder verfügen (selbstverständlich erst, wenn der Drucker mit dem Ausdruck fertig ist).

- Bei guten Fotodruckern erreichen Sie mit einer Fotodruckpatrone und hochwertigem Fotopapier genauso gute Ausdrucke wie das Fotolabor.
- Einzelbilder sind meist günstiger als die vom Labor (Auftragsgrundgebühr beim Labor beachten!).

Herstellerfirmen wie HP, Canon, Lexmark oder Epson bauen heute leistungsfähige Drucker. Für den Fotodruck sollten Sie nicht das billigste Gerät nehmen. Diese sind meist für den preiswerten Textdruck optimiert, drucken zwar auch farbig in brauchbarer Qualität – für den Fotodruck reicht es aber meist nicht. Zudem erweisen sich diese preiswerten Drucker wegen des hohen Tintenverbrauchs und der nicht selten auch teuren Patronen im Verbrauch als gar nicht so preiswert. Manche Firmen bauen auch spezielle Fotodrucker, manchmal sogar für bestimmte Formate. So gibt es z. B. von HP ein kleines, schnuckeliges Modell, das hervorragende Fotos in den üblichen Fotoformaten (z. B. 10x13 cm) druckt (auch etwas größere!), dafür aber nicht in der Lage ist, auf DIN-A4-Papier einen Brief auszugeben. Einige Modelle lassen auch das Drucken von Fotos ohne Computer zu. Sie haben einen oder mehrere Einschubschächte für Speicherkarten (z. B. CompactFlash, SmartMedia) und ein Bedienfeld, das den direkten Ausdruck ermöglicht. Das ist für den schnellen Ausdruck oft hilfreich – eine Bearbeitung der Fotos kann aber so nicht stattfinden und es kommt daher nicht immer zu optimalen Ergebnissen.

> **Tipp**
>
> Wenn Sie schon einen Drucker haben, der ausreichend gut für Text und Grafikdruck ist, aber Fotos nicht zufrieden stellend druckt, dann macht die Anschaffung eines speziellen Fotodruckers nur für den Ausdruck von Fotos durchaus Sinn. Wenn Sie aber wenig Platz haben, um zwei Drucker aufzustellen, ist die Anschaffung eines Druckers, der neben Fotos auch Texte und andere Dokumente drucken kann, wohl sinnvoller.

Druck im eigenen Haus

Beschäftigen wir uns also im weiteren Verlauf dieses Kapitels mit dem Ausdruck der digitalen Fotos über den eigenen Drucker. Sie müssen solch ein Gerät an Ihren Computer angeschlossen haben, wenn Sie die folgenden Anleitungen nachvollziehen wollen. Über die Qualität des Ausdrucks entscheiden dann die Art des Druckers und die benutzten Materialien.

> **Tipp**
>
> Manche Drucker lassen den Einsatz einer speziellen Fotopatrone zu. Nutzen Sie diese für den Fotodruck, auch wenn Sie etwas teurer ist. Die Tinte ist meist speziell für den Ausdruck auf Fotopapier abgestimmt und liefert garantiert bessere Ergebnisse als die üblichen Standardpatronen.

Den Überblick behalten

Welches Foto soll den nun gedruckt werden? Müssen Sie jetzt die gesamten Ordner und Alben auf Ihrer Festplatte mühsam durchsuchen und jedes Bild anschauen? Drucken Sie sich doch von allen Bildern und Alben eine Übersicht aus, einen so genannten Image Print. Dann können Sie in Zukunft immer gezielt auf Bilder zugreifen:

1. Starten Sie das Programm PhotoImpact Album.
2. Öffnen Sie das Album, dessen Bilder Sie als Image Print ausdrucken wollen.
3. Markieren Sie alle Bilder, indem Sie auf das erste Bild klicken, die (⇧)-Taste gedrückt halten und auf das letzte Bild klicken; oder markieren Sie einzeln die Bilder, die Sie in einer Übersicht ausdrucken wollen, indem Sie die Bilder anklicken und dabei die (Strg)-Taste gedrückt halten.

4. Klicken Sie auf die Schaltfläche für *Seitenansicht*, um den Ausdruck zu kontrollieren. Falls Sie nicht zufrieden sind, so passen Sie das Layout über *Datei > Seiteneinrichtung ...* an.

Tipp

Richten Sie die Ränder so ein, dass möglichst viele Miniaturen auf eine Seite passen. Gegebenenfalls korrigieren Sie auch die Größe der Miniaturen noch über *Ansicht > Miniaturgröße*.

5. Klicken Sie anschließend auf die Schaltfläche für das *Drucken* und bestätigen Sie mit *OK*.

Auf diese Weise erhalten Sie eine gute und kostengünstige Übersicht Ihrer Bilder. Noch kostengünstiger ist natürlich die alleinige Speicherung auf dem PC, aber wenn Sie es ausgedruckt brauchen, ist es so besser, als jedes Bild einzeln in Originalgröße zu drucken.

Tipp

Sie können übrigens auch aus der Seitenansicht drucken. Wenn Sie mit der Vorschau zufrieden sind, klicken Sie auf die Schaltfläche *Drucken*. Sie brauchen dann den Umweg über das Album nicht zu gehen.

5. Bilder drucken 99

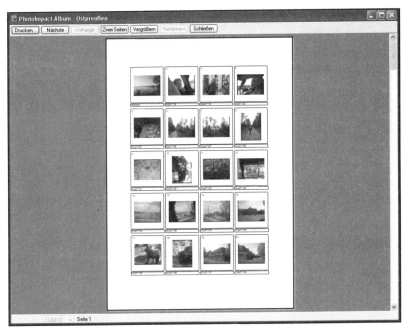

Richten Sie die Ränder so ein, dass das Blatt effektiv ausgenutzt wird.

Ein Bild drucken

Nun soll aber richtig gedruckt werden. Sie haben ein Bild (oder mehrere) mit PhotoImpact bearbeitet und vorbereitet, Fotopapier liegt im eingeschalteten Drucker und die Patronen sind richtig eingesetzt. Folgen Sie der nächsten Anleitung, und Sie können anschließend das Bild stolz herumzeigen:

1. Starten Sie zunächst PhotoImpact 8 und laden das Bild, das Sie drucken möchten.
2. Wählen Sie *Datei > Seitenansicht*. Sie können dann sehen, wie das Bild ausgedruckt wird. Dieser Schritt ist wichtig, denn Sie vermeiden dadurch böse Überraschungen. Haben Sie z. B. ein hochwertiges Bild, werden Sie feststellen, das dies gar nicht auf eine Seite passt. Wollen Sie einen "Rest" Fotopapier nutzen, können Sie das Bild für den Druck so einrichten, dass es auch tatsächlich auf diesen Rest passt usw.
3. Stellen Sie zunächst bei *Papiergröße* das Papier ein, das Sie für den Ausdruck benutzen wollen. Im Beispiel wird die Einstellung *Fotopapier 100 x 150 mm* verwendet.
4. Wählen Sie anschließend die *Ausrichtung*. Im Beispiel ist *Hochformat* eingestellt.

> **Hinweis**
>
> Achten Sie genau auf Ihre Einstellungen. Wählen Sie z. B. ein Fotopapier der Größe 100 x 150 mm, so können Sie nicht *Querformat* als Ausrichtung wählen. Das Papier hat eine Höhe von 100 mm, und das weiß PhotoImpact.

5. Deaktivieren Sie als Nächstes alle Kontrollkästchen bei *Einstellung* und schauen Sie sich das Bild in der *Vorschau* an. So sehen Sie, ob es passt oder nicht.

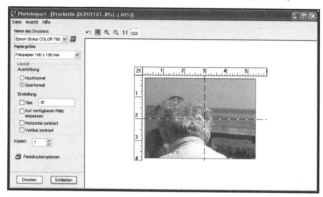

6. Ist das Bild zu groß oder zu klein, so klicken Sie das Kontrollkästchen vor *Auf verfügbaren Platz einpassen* an.

> **Hinweis**
>
> Zu kleine Bilder können Sie nicht beliebig vergrößern. Die Qualität wird dabei immer schlechter. Als Faustregel können Sie annehmen, dass bei einer Vergrößerung von 100 % auf 125 % die Grenze liegt, bei der die Qualität noch einigermaßen erträglich ist. Allerdings hängt das auch von der Gesamtqualität ab, die das Bild in der Ausgangsgröße hat. Manchmal ist schon eine Vergrößerung von 5 % nicht mehr akzeptabel und manche Bilder lassen sich auch über diesen Richtwert hinaus noch passabel vergrößern.

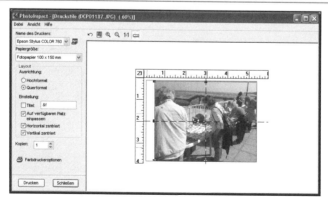

7. Ist das Bild kleiner als die Vorlage, klicken Sie in die Kontrollkästchen vor *Horizontal zentriert* und *Vertikal zentriert*. Das Bild wird dann in die Vorlage eingepasst. Meist ist das sinnvoll, da nicht jeder Drucker randlos das Papier bedrucken kann. Ein Bild, das kleiner ist als die Vorlage und nicht vergrößert werden soll, können Sie auch mit der Maus fassen und in der Bildfläche positionieren.
8. Neben der Liste *Name des Druckers* finden Sie eine kleine Schaltfläche. Klicken Sie darauf, um das Dialogfeld *Druckereigenschaften* zu öffnen.
9. Stellen Sie bei Papierart *Fotopapier* ein.
10. Je nach Druckertyp sind die Einstelldialoge anders. Suchen Sie die Einstellung, die Ihnen die höchste Qualität bietet. Beim Epson Stylus in diesem Beispiel ist das in der Optionsgruppe *Qualitätseinstellungen* die Option *Optimal*.

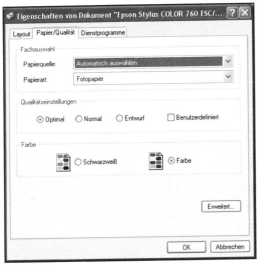

11. Beenden Sie diese Einstellungen mit *OK*.
12. Prüfen Sie noch einmal, ob der Drucker eingeschaltet und das Papier eingelegt ist und klicken Sie anschließend auf die Schaltfläche *Drucken*.

Wenig später werden Sie das Ergebnis Ihrer Fotokunst in den Händen halten. Drucken Sie weitere Bilder, so lassen Sie die Einstellungen zur Druckqualität nicht aus. Meist gelten sie nur für den aktuellen Ausdruck und werden anschließend auf die Standardeinstellungen zurückgesetzt.

So wie bekanntlich viele Wege nach Rom führen, gibt es auch einen von der vorangegangenen Beschreibung abweichenden Weg zum Ausdruck Ihres Bildes. Wählen Sie das Menü *Datei > Drucken*, erscheint ein kleines Dialogfenster, das Ihnen den direkten Ausdruck ohne lange Einstellungen ermöglicht. Alternativ erreichen Sie dieses Dialogfenster auch über die Drucken-Schaltfläche in der Standardleiste oder über die Tastenkombination (Strg) + (P).

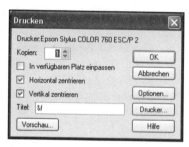

Schnell und direkt drucken Sie über dieses Menü.

- Über die Schaltfläche *Vorschau* ... gelangen Sie in die *Seitenansicht* (siehe Beschreibung zuvor).
- Über die Schaltfläche *Optionen* erreichen Sie einen Dialog, in dem Sie Angaben zur *Kalibrierung* und zu *Halbtönen* machen können. Voreingestellt sind die Vorgaben des Druckers und das dürfte in den meisten Fällen auch die beste Lösung sein.
- Über *Drucker* erreichen Sie den Dialog, der zu Ihrem Gerät Einstellungen ermöglicht (meist über die Schaltfläche *Eigenschaften*).
- Sie können die Anzahl der *Kopien* einstellen, eine Anpassung über drei Kontrollkästchen vornehmen (*Einpassen, Horizontal/Vertikal zentrieren*) und ...
- ... einen *Titel* vergeben, der mit dem Bild ausgedruckt wird. Sie sollten darauf verzichten, wenn es keine zwingenden Gründe dafür gibt.
- Mit *OK* starten Sie den Druck.

Mehrere Kopien drucken

Sie haben zwar zu Beginn dieses Kapitels gelesen, dass der mehrfache Druck eines Bildes über ein Fotolabor günstiger ist. Aber es kann ja doch die Situation eintreten, dass Sie sofort ein Bild an alle Ihre Freunde verteilen wollen, sei es, weil Sie stolz die Überreichung der Ehrenmedaille Ihrer Heimatstadt vorzeigen wollen oder weil Sie endlich Marianne beim Fremdgehen erwischt und fotografiert haben und das jetzt alle wissen sollen. PhotoImpact bietet Ihnen eine spezielle Druckfunktion für den mehrfachen Ausdruck eines Bildes.

Für die folgende Schritt-für-Schritt-Anleitung sollten Sie PhotoImpact 8 gestartet und das Bild, von dem mehrere Duplikate gedruckt werden sollen, geöffnet haben.

1. Wählen Sie *Datei > Weitere Druckfunktionen > Mehrfach drucken* ... oder drücken Sie die Tastenkombination (Strg) + (⇧) + (P).

5. Bilder drucken

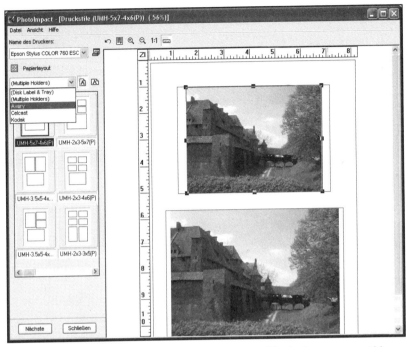

2. Sie können nun aus einer Liste voreingestellte (Foto-)Papierformate auswählen.
3. Noch mehr Übersicht haben Sie, wenn Sie auf die Schaltfläche vor *Papierlayout* klicken.
4. Jetzt können Sie links die Marke auswählen und sich in der rechten Übersicht für ein spezielles Papierformat entscheiden.

> **Tipp**
>
> Die genaue Typbezeichnung finden Sie in der Regel auf der Verpackung zum Fotopapier. Nehmen Sie sich diese Verpackung dazu, dann müssen Sie nicht lange in den Vorlagen suchen.

5. Übernehmen Sie die Einstellung mit *OK*.

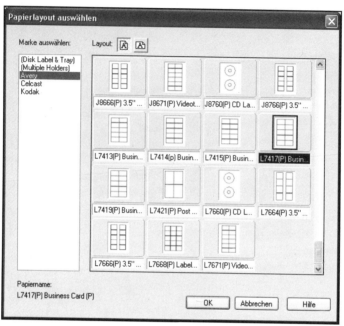

6. Klicken Sie in den folgenden drei Dialogen jeweils auf die Schaltfläche *Nächste* ohne etwas zu verändern.
7. Klicken Sie auf die Schaltfläche *Farbdruckeroptionen* und stellen Sie die Farbdruckeigenschaften ein.
8. Im letzten Schritt klicken Sie auf *Drucken* um den Ausdruck zu starten. Vergewissern Sie sich aber vorher, dass der Drucker eingeschaltet und das Papier eingelegt ist.

Nach dem Ausdruck rücken Sie mit der Schere – oder noch besser mit einem Schneidegerät – dem Papierbogen zu Leibe, um die Fotos zu vereinzeln.

Mehrere Bilder drucken

Möchten Sie nicht mehrere Kopien desselben Bildes, dafür aber mehrere Bilder auf einer Seite ausdrucken, so ist der Vorgang ähnlich wie zuvor beschrieben. Die Abwandlung lesen Sie in diesem Kapitelabschnitt.

Gehen Sie zunächst so vor, wie in der vorangegangenen Schritt-für-Schritt-Anleitung beschrieben, und zwar bis Schritt 5. Danach folgen Sie dieser Anleitung:

6. Klicken Sie auf die Schaltfläche *Nächste*.
7. Öffnen Sie den *Windows Explorer*.

5. Bilder drucken

8. Suchen Sie das Verzeichnis, in dem die Bilder enthalten sind, die Sie drucken möchten.
9. Schalten Sie im Explorer in der Ansicht auf *Miniaturansicht* um.
10. Ordnen Sie beide Fenster so auf dem Desktop an, dass Sie beide im Blick haben.
11. Ziehen Sie nun die Bilder in die Vorlage für den Ausdruck. Sie können sie dabei an beliebigen Stellen platzieren.

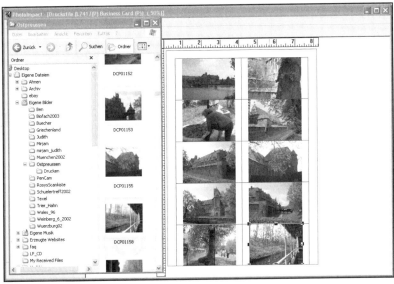

12. Sind Sie fertig, schließen Sie den Explorer wieder oder legen ihn zur späteren Verwendung auf die Taskleiste.
13. Klicken Sie nun in den beiden nächsten Schritten auf die Schaltfläche *Nächste*.
14. Klicken Sie auf die Schaltfläche *Farbdruckeroptionen* und stellen Sie die Farbdruckeigenschaften ein.
15. Im letzten Schritt klicken Sie auf *Drucken*, um den Ausdruck zu starten. Vergewissern Sie sich vorher, dass der Drucker eingeschaltet und das Papier eingelegt ist.

Tipp

Fotopapier ist teuer, Farbtinte auch. Um kein Geld zu verschwenden, sollten Sie von einem Bogen Papier so viel wie möglich bedrucken, also wenig freie Fläche lassen, die nach dem Zerschneiden weggeworfen wird. Nicht jeder Drucker beherrscht aber den randlosen Druck. Schauen Sie in Ihrem Handbuch nach und berücksichtigen Sie diesen nicht bedruckbaren Rand bei Ihrem Ausdruck.

Poster drucken

Sie können auch Fotos drucken, die größer sind als das Format, das Ihr Drucker bedrucken kann. Wie das geht? Schauen Sie sich einfach die folgende Anleitung an.

1. Wenn Sie das als Poster zu druckende Bild in PhotoImpact geöffnet haben ...
2. ... wählen Sie *Datei* > *Weitere Druckfunktionen* > *Poster drucken*.
3. Prüfen Sie nun die *Papiergröße*. In den meisten Fällen sollte dort A4 eingestellt sein (nur wenige Drucker beherrschen das Format A3).
4. Stellen Sie nun bei *Postergröße* die Maße für das zu druckende Poster (*Breite* und *Höhe*) ein. Die *Einheit* sollte auf *cm* stehen.
5. Sie finden unterhalb der Einstellungen die Angabe, wie viele Seiten für das Poster benötigt werden. Klicken Sie abwechselnd auf die Schalter für Hoch- und Querformat, um die optimalste Seitenaufteilung herauszufinden.

6. Vergessen Sie nicht, den richtigen Drucker auszuwählen und für den Druck anzupassen (Papiertyp und Druckqualität).
7. Sind alle Einstellungen vorgenommen, klicken Sie auf *Drucken*.

PhotoImpact druckt die einzelnen Teile des Posters mit überlappenden Rändern aus, so dass ein Zusammenkleben ohne Bildverlust vorgenommen werden kann.

> **Tipp**
>
> Beim Posterdruck wird ganz besonders viel Papier und Druckertinte verbraucht. Um so einen teuren Fehldruck zu vermeiden, können Sie jedes Seitenelement des Posters einzeln drucken und prüfen. Dazu klicken Sie einfach in die Vorschau. Sofort verschwindet das angeklickte Element. Das machen Sie mit allen Seitenelementen außer dem ersten. Nach dem Druck und einer kritischen Prüfung klicken Sie auf das erste Element um es ebenfalls zu deaktivieren. Klicken Sie erneut auf das zweite Element, um es zu aktivieren und im Anschluss zu drucken. So fahren Sie fort, bis alle Einzelteile des Posters gedruckt sind. Das ist aufwendiger – aber sicherer.

6. Fotopraxis

Wer sich ein Bildbearbeitungsprogramm wie PhotoImpact anschafft, tut dies in der Regel um seine Fotos nachbearbeiten und verbessern zu können. Die meisten Fotos sind wahrscheinlich mit der Digitalkamera gemacht worden. Immerhin verkaufen sich diese technischen Wunderwerke inzwischen wesentlich besser als ihre analogen Vorgänger. Außerdem ist die Bereitschaft zum Knipsen mit einer Digitalkamera wesentlich höher als mit einer analogen Kamera.

Das heißt aber nicht, dass die Bilder deswegen auch automatisch besser werden. Zwar lassen sich kleinere Fehler später mit PhotoImpact (und anderen Bildbearbeitungsprogrammen) beheben und die Bildgestaltung lässt sich in einem begrenzten Umfang auch noch optimieren, man sollte aber auch bedenken, dass sich aus den Bildern nicht mehr herausholen lässt, als schon im Ansatz drinsteckt. Ein hoffnungslos unterbelichtetes Foto kann nur in begrenztem Maße aufgehellt, und eine völlig langweilige Bildgestaltung kann in der Regel auch nur mit einer Ausschnittsänderung verbessert werden.

Es empfiehlt sich also schon während des Fotografierens auf einige wesentliche Dinge zu achten. Dabei garantiert eine gute Digitalkamera allenfalls eine gute Bildqualität, nicht aber automatisch ein gutes Motiv.

Mittels einiger einfacher Regeln kann jeder Hobbyfotograf auch Fotos schießen, die den Betrachter in seinen Bann ziehen und vielleicht sogar noch eine Botschaft übermitteln. Kleine Fehler sind dann nicht weiter schlimm. Schließlich gibt es ja noch PhotoImpact, womit sich diese Fehlerchen leicht beheben lassen.

Kamerabedienung

Um ein Maximum an Bildqualität aus den Kameras herauszuholen empfiehlt es sich, diese je nach Situation entsprechend einzustellen. Das geht einerseits mit den Motivprogrammen der Digitalkameras, die durch selbsterklärende Symbole gekennzeichnet sind, andererseits oft auch mittels manueller Einstellmöglichkeiten. Gerade diese manuellen Funktionen bieten sehr viel Spielraum um gute Ergebnisse zu erzielen.

Im Folgenden sind einige Situationen aufgelistet, mit Tipps zur richtigen manuellen Kameraeinstellung.

Abend- und Morgendämmerung

Zu diesen Tageszeiten haben Sie in der Regel keine allzu guten Lichtverhältnisse mehr. Um noch ohne Licht zu fotografieren sollte die Blende weit geöffnet sein (kleine Blendenzahl, z. B. f/2.8).

> **Hinweis**
>
> **Blende**
> Die Blende befindet sich im Objektiv einer Kamera und regelt die einfallende Lichtmenge. Je nach Öffnung spricht man entweder von einer großen Blende (kleine Blendenzahl, z. B. f/2.8) oder von einer kleinen Blende (große Blendenzahl, z. B. f/32). Objektive mit sehr großen Blenden werden daher auch als *lichtstark* bezeichnet.

Fotografieren Sie nur unbewegte Objekte, kann die Belichtungszeit auch länger ausfallen. Dies ist besonders bei nicht so lichtstarken Objektiven der Fall. Soll der Sonnenauf- oder -untergang fotografiert werden, darf die Blende nicht zu weit geöffnet werden, da das Bild sonst überbelichtet wird. Außerdem kann Blooming (Überstrahlen der hellen Bildteile in dunklere Bereiche) auftreten. Dann ist es besser das Bild leicht unterzubelichten und später mit dem Bildbearbeitungsprogramm aufzuhellen. Der Einsatz eines Stativs ist hierbei durchaus sinnvoll. Die Lichtempfindlichkeit sollte hier nicht zu hoch eingestellt werden, weil dann die Auflösung geringer wird und Bildrauschen (Auftreten von fehlfarbigen Pixeln in eintönigen Flächen) auftreten kann.

In der Morgen- oder Abenddämmerung fotografiert man am besten mit weit geöffneter Blende.

Bei schönem Wetter (Tageslicht)

Je heller es ist, desto mehr Möglichkeiten haben Sie bei der manuellen Einstellung. Dabei können Sie auch die Schärfentiefe am besten einstellen. Die Schärfe ist nämlich nicht nur abhängig vom Autofokus, sondern auch von Blende und Belichtungseinstellung. Mit einer großen Blendenöffnung (kleine Blendenzahl z. B. f/2.8) und entsprechend längerer Belichtungszeit (je nach Lichtverhältnissen) erreichen Sie einen kurzen Schärfentiefebereich, ideal für Portraitaufnahmen, wodurch der Hintergrund verschwommen und zweidimensional erscheint. Dafür ist der Nahbereich gestochen scharf. Mit einer kleinen Blendenöffnung erreichen Sie dagegen einen großen Schärfebereich, dafür wirken nahe Objekte unter Umständen etwas verschwommen. Fotografieren Sie etwas vor sehr hellem Hintergrund, können Sie mit einem Aufhellblitz gute Ergebnisse erzielen.

Bewegte Objekte

Besonders beim Fotografieren bewegter Objekte ist der Fotograf auf gute Lichtverhältnisse angewiesen. Hierbei kommt er um kurze Belichtungszeiten nicht herum. Sind die Lichtverhältnisse zu schlecht, kann der Fotograf den Schärfenbereich dann nicht richtig einstellen. Manchmal sind gezielte Bewegungsunschärfen erwünscht. Diese erreichen Sie am besten, indem Sie die Kamera mit dem zu fotografierenden Objekt in der Bewegung mitziehen. Dabei darf die Belichtungszeit allerdings nicht zu kurz sein.

Bei totaler Dunkelheit und in dunklen Räumen

Irgendwann sind die Lichtverhältnisse auch für das lichtstärkste Objektiv zu schlecht. Dann kommt man um den Einsatz des eingebauten oder externen Blitzes nicht herum. Besonders beim Fotografieren mit externem Blitz sollten die Blitzsynchron-Verschlusszeiten eingestellt werden, um Blitz und Belichtung richtig zu synchronisieren. Blende und Blitz müssen dabei auch optimal aufeinander eingestellt werden. Auf vielen Blitzgeräten sind die richtigen Einstellungen abgedruckt.

Mit einem externen Blitz kann auch in dunklen Räumen fotografiert werden.

Den Mond fotografieren

Den Mond richtig zu fotografieren ist schon fast eine Kunst für sich. Besonders bei Vollmond strahlt dieser so extrem hell, dass man am besten eine geringe Lichtempfindlichkeit (ISO 100 oder kleiner) einstellt. Die Blendenöffnung sollte auch sehr klein sein. Die Helligkeit lässt sich dann am besten über die Belichtung regeln. Hier sollten Sie etwas experimentieren. Um Blooming zu vermeiden ist es besser etwas unterzubelichten. Das lässt sich dann später am Computer korrigieren. Außerdem ist man beim Fotografieren des Mondes auf sehr große Brennweiten angewiesen und kommt deshalb um den Einsatz eines Stativs nicht herum. Besonders nützlich sind Kameras, die Verwackeln mit einem Bildstabilisator verhindern.

Den Mond zu fotografieren ist gar nicht so einfach.

Weitwinkelaufnahmen

Bei der Fotografie mit Weitwinkelobjektiven ist eine mittlere Blende am besten geeignet. Hierbei tritt die Verzeichnung nicht so stark auf. Weitwinkelaufnahmen eignen sich besonders gut für die Landschafts- und Architekturfotografie.

Mit Weitwinkelaufnahmen hat man einen großen Blickwinkel.

Teleaufnahmen

Bei Tieraufnahmen sollten Sie bedenken, dass bei schlechtem Wetter häufig ein flauer Bildeindruck entsteht. Das liegt daran, dass Teleobjektive weit entfernte Objekte nahe beieinander erscheinen lassen, aber auch die Luft. Besonders bei leichtem Dunst tritt dieser Effekt auf.

Mit Teleobjektiven lassen sich weit entfernte Objekte bildfüllend ablichten.

Der Sonnenuntergang

Ähnliche Probleme wie beim Mond treten beim Fotografieren des Sonnenuntergangs auf. Allerdings steht hier nicht die Sonne selbst, sondern die romantische Stimmung im Vordergrund. Die Blende darf daher nicht zu weit geschlossen sein um auch Details der Umgebung erkennen zu können. Wird die Blende jedoch zu weit geöffnet, ist das Ergebnis ein überbelichtetes Bild.

Den Sonnenuntergang richtig abzulichten ist gar nicht so einfach.

Im Gebirge

Im Gebirge lassen sich tolle Aufnahmen mit großer Weitsicht machen. Die Blende sollte nicht zu groß eingestellt werden, da in diesen Regionen oftmals viel Licht vorhanden ist. Sehr empfehlenswert ist der Einsatz eines UV-Filters, der den nebligen Dunst auf den Bildern verhindert und den Kontrast leicht verbessert. Auch ein Skylightfilter kann eingesetzt oder mit dem UV-Filter kombiniert werden. In diesen Regionen lassen sich sehr gut Panoramabilder machen. Dazu ist aber ein Stativ notwendig.

Auf dem Lande, in der Luft und jetzt auch unter Wasser

Für Taucher, Teichbesitzer und Wasserbegeisterte sind wasserdichte Gehäuse für die Kamera interessant. Diese werden mittlerweile von fast jedem Kamerahersteller angeboten. Wer unter Wasser fotografiert, sollte allerdings bedenken, dass die Sichtweite erheblich eingeschränkt ist. Wasser ist ungefähr 800-mal dichter als Luft. Entsprechend kürzer ist die Sichtweite. Sind noch Schwebeteilchen vorhanden, z. B. Algen, kann die Sichtweite auf wenige Zentimeter sinken.

Hinzu kommt, dass es mit zunehmender Tiefe recht schnell zu dunkel zum Fotografieren wird. Hier sind dann leistungsfähige Blitzgeräte oder Unterwasserlampen gefragt.

Wer sich selbst ein wasserdichtes Gehäuse basteln will, sollte beachten, dass sich die Brennweite durch die Brechung des Lichtes im Wasser ändert:

Brennweite über Wasser (Blickwinkel des Objektivs)	Brennweite unter Wasser (Blickwinkel des Objektivs)
21mm (92°)	28mm (75°)
28mm (75°)	37mm (60°)
35mm (63°)	47mm (50°)
50mm (47°)	67mm (36°)

Vereinzelt gibt es auch Digitalkameras, die speziell als Unterwasserkameras ausgelegt sind. Diese haben meistens keine allzu hohe Auflösung.

Weitere Infos sowie eine Kompatibilitätsdatenbank mit über hundert aufgeführten Unterwassergehäusen finden Sie auf der englischsprachigen Website:

www.digideep.com.

6. Fotopraxis

Ein Unterwassergehäuse von Canon. Foto: Canon

Hinweis

Bewegungsunschärfen und Verwacklungen vorbeugen

Besonders beim Fotografieren mit großen Brennweiten kommt es immer wieder vor, dass das Bild verwackelt und unscharf wird. Um dem vorzubeugen sollten Sie einige Dinge beachten:

Benutzen Sie wenn möglich ein Stativ. Dieses sollte möglichst schwer sein.

Wenn Sie kein Stativ haben, sollten Sie sich abstützen oder die Kamera auf eine feste Unterlage stellen. Wenn Sie im Hochformat fotografieren wollen, bieten senkrechte Kanten von Hauswänden oder Straßenlaternen ideale Gelegenheiten die Kamera verwacklungssicher abzustützen und dabei auch noch exakt senkrecht zu halten.

Fotografieren Sie mit sehr kurzen Belichtungszeiten. Dies erreichen Sie, wenn Sie die Blende weit öffnen (kleine Zahl) und/oder indem Sie die Lichtempfindlichkeit erhöhen. Bei gutem Wetter haben Sie hier mehr Möglichkeiten als in dunklen geschlossenen Räumen. Bedenken Sie, dass Sie beim Fotografieren mit dem Blitz die Blitzsynchronzeit einstellen müssen.

Falls Sie nicht auf lange Belichtungszeiten verzichten können, kommen Sie um ein Stativ kaum herum. Zudem sollten Sie den Selbstauslöser oder noch besser einen Fernauslöser benutzen um das Foto nicht schon beim Auslösen zu verwackeln.

Als Faustregel gilt:

Der Kehrwert der Brennweite bildet die längste Belichtungszeit, mit der verwacklungsfrei fotografiert werden kann. Das heißt, bei einem Objektiv mit 105 mm Brennweite beträgt die längste Belichtungsdauer 1/105 Sekunde.

Auf die Perspektive kommt es an

Besonders wichtig bei der Bildgestaltung ist auch die Perspektive, also der Blickwinkel, aus dem Sie Ihr Motiv fotografieren. Je nach Blickwinkel erscheint eine Person beispielsweise mächtig oder eher klein. Oder aber Sie erreichen damit räumliche Tiefe. Mit der richtigen Perspektive können Sie die Eigenschaften Ihres Motivs richtig betonen.

Froschperspektive

Der Blickwinkel dieser Perspektive ist immer aufschauend zu etwas Großem bzw. zu etwas, das durch diese Perspektive sehr groß erscheint. So können einflussreiche Personen in ihrer meist ohnehin schon mächtigen Ausstrahlung zusätzlich betont werden.

Hinweis

Wenn Sie die Zeitung oder Politikmagazine lesen, achten Sie einmal darauf, aus welcher Perspektive der Bundeskanzler gezeigt wird und wie er dadurch wirkt. Besonders von amerikanischen Präsidenten gibt es viele Fotos, die aus einer extremen Froschperspektive gemacht wurden, was sie dann besonders mächtig erscheinen lässt.

Da man auf Fotos die Größe ohne Vergleichsgegenstand schlecht abschätzen kann, ist die Froschperspektive auch ein ideales Mittel, um die Größe einzelner Objekte zu betonen oder anzudeuten. Durch die Froschperspektive ist es auch möglich Personen aus der Menschenmenge zu lösen.

Durch die Froschperspektive lässt sich die Größe des Eiffelturms am besten im Bild festhalten.

Vogelperspektive

Genau das Gegenteil zur Froschperspektive ist die Vogelperspektive. Analog dazu wirkt hierbei alles von oben gesehen unbedeutend und klein. Bildet man Kleines von oben mit einem Teleobjektiv ab, so wirkt es auf dem Foto klein, auch wenn es das ganze Bild ausfüllt. Bedient man sich aber kürzerer Brennweiten, verschafft man dem Betrachter so einen Überblick über eine vergleichsweise große Fläche.

Aus der Vogelperspektive wirken auch Städte wie Wertheim ziemlich klein.

Linearperspektive

Linien, die auf dem Foto scheinbar in einem Fluchtpunkt zusammenlaufen, erzeugen eine ganz enorme Tiefenwirkung. Solche Linien finden sich z. B. bei Straßen oder Eisenbahngleisen oder aber bei sehr hohen Gebäuden. Der Fluchtpunkt muss dabei allerdings nicht immer im Bild liegen. Mehrere Fluchtpunkte verstärken die räumliche Wirkung, Linien dagegen, die nicht gerade verlaufen und vielleicht auch aus dem Bild hinauslaufen, verleihen diesem eine dynamische Note.

Hier laufen viele Linien auf einen gemeinsamen Fluchtpunkt zu. Das verleiht dem Bild räumliche Tiefe.

Stürzende Linien

Stürzende Linien sind Geraden, die ebenfalls in einem Fluchtpunkt zusammenlaufen, nicht aber die Weite einer Landschaft betonen, sondern die Höhe eines Gegenstands. So können Sie Gebäude besonders hoch erscheinen lassen. Benutzen Sie am besten ein Weitwinkelobjektiv um Bilder mit stürzenden Linien abzulichten.

Die stürzenden Linien betonen die Größe des Kirchturms.

Porträtaufnahmen

Ein besonders beliebter Bereich der Fotografie sind Porträtaufnahmen, egal ob als Passfoto oder als Vorzeigefoto. Aber es ist gar nicht so leicht, ein gutes Porträt zu erstellen. Fotografieren Sie die Person mit eingebautem Blitz direkt von vorn, wirkt das Gesicht platt und langweilig. Als Nebeneffekt wird auch noch das Blut in der Netzhaut reflektiert, was dann den berühmt-berüchtigten Rote-Augen-Effekt mit sich bringt. Hier einige Dinge, die Sie bei der Porträtfotografie beachten sollten:

- Stellen Sie die Schärfe auf die Augen ein. Das Modell muss direkt in die Kamera blicken und darf die Augen nicht zukneifen. Auf keinen Fall darf der Blick in die Ferne, also zum Bildrand hin abschweifen. Schießen Sie mehrere Fotos in einer Serie, dann entspannt sich das Modell eher und wirkt lockerer.

- Verwenden Sie am besten ein lichtstarkes Normalobjektiv oder ein leichtes Teleobjektiv. Mit einer großen Blendenöffnung erreichen Sie, dass der Hintergrund verschwommen wirkt.

- Ideal ist ein nicht zu langweiliger, lebendiger Hintergrund. Unscharfe Details (bei Aufnahmen im Freien) dürfen durchaus erkennbar sein. Achten Sie aber darauf, dass der Hintergrund nicht zu unruhig wirkt.

- Die Farbe des Hintergrundes sollte zur Kleidung des Modells passen und die Haare dürfen nicht kontrastlos in den Hintergrund übergehen. Oft ist es sinnvoll, den Hintergrund separat aufzuhellen.

- Eine leicht verdrehte Körperhaltung verleiht dem Bild eine gewisse Dynamik. Am besten setzt sich das Modell auf einen Hocker, leicht schräg vom Fotografen weg, und blickt an der Schulter vorbei in die Kamera. Bei Ganzkörperaufnahmen ist darauf zu achten, dass alle Körperteile zu sehen sind. Besonders Hände und Füße dürfen nicht hinter irgendwelchen Gegenständen oder Körperteilen verschwinden. Sie wirken dann schnell wie abgeschnitten.

- Ideal ist indirektes diffuses Licht (Seitenlicht). Hartes Licht wirft zu kräftige Schatten. Auch fast senkrecht einfallendes Licht, so genanntes Oberlicht (z. B. Sonnenlicht um die Mittagszeit) ist zu vermeiden, da dann die Schatten im Gesicht besonders ausgeprägt erscheinen und ein Eigenleben im Gesicht führen. Das Vorderlicht, das mit dem internen Blitz erzielt wird, eignet sich nicht immer, da das Modell beim Blitzen dann die Augen zukneift.

- Es sollte nur mattes Make-up verwendet werden, um störende Reflexionen zu vermeiden.

- Als Bildformat kommt meistens nur das Hochformat in Frage, da hierbei das Bild ganz ausgefüllt werden kann. Porträts im Querformat bieten ein gewisses Überraschungsmoment, dürfen aber keine großen freien Flächen aufweisen.

Das Modell sollte immer in die Kamera blicken. Ideal ist es, wenn das Bildformat ganz ausgenutzt wird.

Panoramafoto aufnehmen

Um ein Panoramafoto zu erstellen benötigen Sie einige Dinge:

- Eine Kamera mit möglichst großem Weitwinkelbereich. Ideal sind 28-mm-Objektive.
- Ein Stativ, damit sich die Neigung beim Fotografieren mehrerer Fotos nicht ändert
- Das Motiv, das Sie im Panoramaformat ablichten wollen. Besonders gut eignen sich dazu Berglandschaften.
- Und natürlich ein Bildbearbeitungsprogramm wie z. B. PhotoImpact

Schon beim Anfertigen der Fotos, aus denen das Panoramabild erstellt wird, sollten Sie Folgendes beachten:

- Suchen Sie sich einen geeigneten Standort für das Stativ. Bauen Sie es so auf, dass Sie die Kamera darauf genau waagerecht ausrichten können. Viele Stative besitzen eine eingebaute Wasserwaage im Stativkopf, die das Ausrichten erleichtert.
- Suchen Sie sich im Motiv einen markanten Gegenstand aus, den Sie im ersten Bild an den rechten Rand setzen. Beim zweiten Foto wird derselbe Gegenstand wieder mit abgelichtet, diesmal aber am linken Rand. Soll das Panoramabild aus noch mehr Fotos bestehen, ist es ratsam, die Fotos an mehreren Fixpunkten auszurichten.

6. Fotopraxis

Die Kirche ist ein guter Fixpunkt, um diese beiden Bilder zu einem Panoramabild zusammenzufügen.

- ◆ Achten Sie auf die richtige Belichtung. Am besten haben Sie die Sonne im Rücken. Besonders schlecht werden die Ergebnisse, wenn die Sonne in einem Teil des Bildes erscheint, im anderen jedoch nicht. In diesem Fall müssen Sie die Belichtung und vor allem auch den Weißabgleich manuell vornehmen. Die Farben beider Bilder müssen zueinander passen. Werden beide Fotos automatisch belichtet, kann es passieren, dass derselbe Gegenstand in unterschiedlichen Farben erscheint, das eine Bild vielleicht eher blaustichig wirkt, das andere dagegen eher ins Rötliche übergeht.

Richtige Bildaufteilung

Neben der Wahl des richtigen Formats ist auch die Bildaufteilung von entscheidender Bedeutung. So neigen viele dazu, das Motiv exakt in die Bildmitte zu rücken. In den meisten Fällen wirkt das unnatürlich und zu geometrisch.

Genauso kann es äußerst störend wirken, wenn der Horizont das Bild in zwei Hälften teilt. Das ist besonders dann der Fall, wenn der Himmel keinerlei Zeichnung hat, beispielsweise durch Wolken oder schöne Farbverläufe beim Sonnenauf- und -untergang. Um das Motiv richtig ins Bild zu rücken, gibt es zwei Möglichkeiten, die bei der Bildeinteilung helfen:

Dreiteilung

Teilen Sie das Bild in drei gleichgroße Teile und ordnen Sie das Hauptmotiv in der Nähe einer der beiden senkrechten Linien an, die für die Dreiteilung sorgen. So können Sie sicher sein, dass Ihr Motiv nicht mittig angeordnet ist. Für die Anordnung des Horizonts teilen Sie das Bild in drei waagerechte Teile ein. Je nachdem, ob Sie Himmel bzw. Wolken oder eher die Landschaft hervorheben wollen, rücken Sie den Horizont an die untere oder an die obere Teilungslinie.

Hier liegt die Betonung auf der Landschaft, der Horizont befindet sich im oberen Drittel.

4-Punkte-Einteilung

Kombiniert man senkrechte und waagerechte Trennungslinien, so erhält man vier Schnittpunkte. Ordnet man das Hauptmotiv an einem der Schnittpunkte an, bringt das Spannung ins Bild. Als Kontrast kann am schräg gegenüberliegenden Punkt ein zweites, vielleicht weniger bedeutendes Motiv positioniert werden. Das lenkt den Blick des Betrachters und hebt die beiden Motive noch deutlicher hervor, da sie sich durch den so entstehenden Kontrast gegenseitig betonen.

Sind Personen im Bild das Hauptmotiv, so sollten Kopf oder Augen auf einem dieser Punkte liegen. Ist der Blick in Richtung des diagonal gegenüberliegenden Punktes gerichtet, so wird auch der Blick des Betrachters zu diesem Punkt gelenkt. Befindet sich dort eine weitere Person, ist so eine Beziehung zwischen den beiden Personen hergestellt, die sehr aussagekräftig ist. Aussehen und Haltung der Personen informieren den Betrachter über die Art der Beziehung der Personen in diesem Bild.

Tiefenwirkung erzielen

Linien, z. B. Straßen, die vom Vordergrund ins Bildinnere hineinlaufen, erzielen beim Betrachter den Eindruck von räumlicher Tiefe. Der Effekt wird besonders dann verstärkt, wenn man mit dem Weitwinkelobjektiv auch nahe Objekte scharf mit abgebildet hat. Durch die Linien wird der Blick des Betrachters in das Bild hineingezogen. Diagonal oder gebogen verlaufende Linien erzeugen dabei eine gewisse Dynamik.

Linien, die den Blick des Betrachters ins Bild hineinziehen, erzeugen Tiefenwirkung.

Eine besondere Form von Linien, die in einem Fluchtpunkt verlaufen, sind so genannte stürzende Linien, die beim Betrachter den Eindruck von Höhe oder Größe erwecken, was ja auch der Fall ist, da die stürzenden Linien senkrecht verlaufen.

Räumliche Darstellung

Linien, die in einem Punkt zusammenlaufen, erzeugen eine Tiefenwirkung. Die räumliche Wirkung wird dabei noch besonders verstärkt, wenn der Fotograf mit mehreren Fluchtpunkten arbeitet. Diese müssen allerdings nicht zwangsläufig im Bild liegen.

Bei diesem Bild bilden stürzende Linien und in das Bild hineinlaufende Linien zwei Fluchtpunkte. Dadurch wird die räumliche Wirkung verstärkt.

Muster erzeugen

Nimmt man den Horizont ganz aus dem Bild und fotografiert dabei noch mit einem starken Teleobjektiv, so wird das Bild verflacht. Je nach Motiv können so interessante Muster entstehen, z. B. aus verschiedenfarbigen Feldern, die durch Feldwege getrennt sind. Auch in der Makrofotografie lassen sich interessante Muster erzeugen, indem die Umgebung völlig ausgeschlossen wird. Strukturen von Baumstämmen oder Blättern bilden sehr interessante Muster. Diagonalen geben dem Muster eine lebendige Wirkung.

Hier ein Beispiel für ein eher unregelmäßiges Muster.

Dynamik ins Bild bringen

Um eine dynamische Wirkung zu erzielen gibt es mehrere Möglichkeiten, die sich auch miteinander kombinieren lassen. Das beginnt schon bei der Wahl des Bildformates. Das Hochformat hat von Natur aus eine dynamischere Wirkung als das Querformat.

Eine weitere Möglichkeit besteht darin, besonders viele Diagonalen im Bild zu vereinigen. Durch die abweichende Richtung vom Bildrand ziehen sie den Blick des Betrachters geradezu ins Bild. Schneiden sich viele Diagonalen, kann das im Extremfall auch eine unruhige Ausstrahlung haben. Der Blick des Betrachters kommt dann nicht mehr zur Ruhe, was auch nicht optimal ist.

Auch durch die Anordnung des Hauptmotivs kann Dynamik erzeugt werden, besonders bei bewegten Objekten. Ein Sportler beispielsweise, der sich in eine bestimmte Richtung bewegt, sollte sich auf dem Foto immer in Richtung eines freien Bereiches bewegen. Das heißt, er läuft beispielsweise vom linken Bildrand kommend nach rechts. Der rechte Teil des Bildes enthält dabei möglichst wenige Details. Durch Bewegungsunschärfe wird der Effekt noch zusätzlich verstärkt. Die Bewegungsunschärfe kann entweder mit einem speziellen Filter in einem Bildbearbeitungsprogramm erzeugt werden oder aber gleich während des Ablichtens. Dabei zieht der Fotograf die Kamera in der Bewegung des Sportlers während des Auslösens mit.

Der Blickwinkel

Die Wahl des Blickwinkels ist wohl der wichtigste Faktor, der zum Gelingen eines guten Fotos beiträgt. Der erste Blickwinkel, der sich Ihnen bietet, ist nur selten der optimale. Ändern Sie beim Fotografieren öfter den Standpunkt und machen viele Fotos desselben Motivs. Probieren Sie auch verschiedene Perspektiven aus. Auch mit Hoch- oder Querformat sollten Sie experimentieren. Gehen Sie näher oder weiter weg. Ändern Sie die Neigung der Kamera. Die Digitalkamera bietet dabei den Vorteil das Ergebnis gleich betrachten zu können. Da Sie auch keine teuren Filme kaufen müssen, können Sie auch gleich mehrere Bilder machen. Davon wählen Sie später das beste aus.

Machen Sie von einem Motiv möglichst viele Bilder aus verschiedenen Blickwinkeln und Perspektiven.

Hintergründe

Der Hintergrund muss immer zum abgebildeten Motiv passen. Prüfen Sie immer genau, ob er das Motiv ergänzt oder eher störend wirkt. In manchen Fällen kommt die Bildaussage erst durch den Hintergrund zustande. Bei der Tierfotografie zum Beispiel sagt der Hintergrund in der Regel viel über den Lebensraum aus. Bei der Makrofotografie ist unter Umständen ein verschwommener Hintergrund besser um starke Kontraste zu erzeugen und die Aufmerksamkeit des Betrachters genau auf den abgebildeten Gegenstand zu lenken.

Kontraste erzeugen

Um das Hauptmotiv richtig hervorzuheben sind Kontraste wichtig, die gezielt die Aufmerksamkeit des Betrachters erzwingen. Kontraste können aber auch mit mehreren Objekten erzeugt werden, z. B. durch unterschiedliche Formen. Auch mit Farben sind Kontraste erzielbar. Beispielsweise kommt ein buntes Segel vor einem blauen Hintergrund besser zur Geltung als ein weißes oder blaues Segel. Kontraste können mit Farben, Formen oder mit widersprüchlichen Bildaussagen erzeugt werden.

Umrahmungen

Die Umrahmung ist ein einfaches Gestaltungsmittel um langweilige Hintergründe oder Umgebungen zu kompensieren. Mit der Umrahmung können Sie das Motiv gut betonen. Dazu fotografieren Sie durch ein Fenster, einen Türrahmen oder zwischen zwei eng beieinander stehenden Bäumen hindurch.

Die Umrahmung ist ein effektives Gestaltungsmittel.

Richtiger Blitzlichteinsatz

Nicht immer reicht die Umgebungshelligkeit aus um nur durch Verändern von Blende und/oder Belichtungszeiten zu optimalen Ergebnissen zu kommen. Hier wird der Einsatz eines Blitzgerätes erforderlich. In der Regel verfügen die Digitalkameras schon über recht leistungsfähige interne Blitzgeräte. Diese genügen für viele Situationen aus, doch manchmal, besonders bei der Bildgestaltung mit Licht und im Studio, wird der Einsatz von externen Blitzgeräten notwendig. Dazu benötigt die Kamera allerdings einen so genannten Blitz- oder Zubehörschuh. Auch für die Unterwasserfotografie sind sehr leistungsfähige Blitzgeräte notwendig.

> **Tipp**
>
> Achten Sie darauf, dass beim Fotografieren nichts den Blitz oder das Objektiv verdeckt. Die besten Einstellungen und Geräte nützen nichts, wenn sie ihre Leistung nicht voll erbringen können, nur weil Sie beim Fotografieren unachtsam waren und die Hand oder die Trageschlaufe vor den Blitz gehalten haben. Auch Kratzer und Schmutz auf dem Schutzglas des Blitzes können dessen Leistung ganz erheblich einschränken und eine gleichmäßige Ausleuchtung verhindern.

Interner Blitz

Der interne Blitz eignet sich für vielerlei Situationen. So können damit z. B. kleine Räume ausreichend ausgeleuchtet werden um zu akzeptablen Ergebnissen zu kommen. Auch zum Aufhellen oder zur Verhinderung des Rote-Augen-Effekts mit Vorblitz ist dieser gut geeignet. An der Kamera sind normalerweise mehrere Blitzmodi wählbar. Im Automatikmodus entscheidet die Kamera anhand der Belichtungsmessung, ob der Blitz eingesetzt wird oder nicht. Meistens sind dabei recht gute Ergebnisse erzielbar. Sollte sich jedoch eine sehr helle Lichtquelle im Bild befinden, kann das die Belichtungsmessung stark verfälschen. Auch in großen Räumen verliert sich der Blitz, so dass nur nahe Objekte gut ausgeleuchtet werden, der Hintergrund jedoch unterbelichtet wird. Die Reichweite des Blitzes kann mit einer großen Blendenöffnung oder mit der Erhöhung der Lichtempfindlichkeit vergrößert werden. Außerdem lässt sich der Blitz in der Regel ganz abschalten. Daneben können noch folgende Einstellungen vorgenommen werden:

Aufhellblitz

Bei sehr hellem Umgebungslicht im Freien oder bei starkem Gegenlicht wird die Belichtungsmessung der Kamera leicht irregeführt. Sollen zum Beispiel Porträtaufnahmen im Freien vor einem hellen Hintergrund gemacht werden, führt das dazu, dass zwar der Hintergrund richtig belichtet wird, das eigentliche Objekt dagegen unterbelichtet wird. Oder das Modell wird zwar richtig belichtet, dafür ist vom Hintergrund nicht viel zu sehen, weil er völlig überbelichtet ist. In diesem Fall kann der Vordergrund, also das Modell, mit einem Aufhellblitz aufgehellt werden, so dass sowohl Vordergrund als auch Hintergrund richtig belichtet werden.

Rote Augen wegblitzen

Wenn Sie Menschen oder Tiere mit dem eingebauten Blitz in einer dunklen Umgebung direkt von vorne fotografieren, haben diese auf dem Foto rote Augen. Das liegt daran, dass die Pupillen weit geöffnet sind, um im Dunkeln trotzdem viel zu sehen (das funktioniert ähnlich wie bei der Blendeneinstellung). Dadurch wird aber das Blitzlicht von der Netzhaut reflektiert. Da diese nun mal rot ist, erscheinen die Augen auf dem Foto immer rot. Dieser Effekt lässt sich aber auf unterschiedliche Art und Weise verhindern. Entweder verwenden Sie den Vorblitz: Die Kamera löst vor dem eigentlichen Blitzen einen etwas schwächeren Vorblitz aus. Das führt dazu, dass sich die Pupillen verkleinern, und das Blitzlicht nicht mehr auf der Netzhaut reflektiert werden kann. Oder Sie fotografieren einfach nicht direkt von vorn, sondern leicht schräg. Dadurch wird der Blitz nicht genau in dieselbe Richtung reflektiert. Eine weitere Möglichkeit besteht im Einsatz eines externen Blitzes. Dieser kann entweder auf der Kamera befestigt werden und sorgt so durch den großen Achsenabstand von Objektiv und Blitzgerät dafür, dass das reflektierte Licht nicht direkt zum Objektiv führt. Denselben Effekt hat der Einsatz von einzeln aufgestellten Blitzgeräten, die per Fernauslöser gezündet werden.

Externe Blitzgeräte

Die meisten besseren Digitalkameras verfügen neben dem internen Blitz über einen Blitz- oder Zubehörschuh, der den Einsatz externer Blitzgeräte ermöglicht. Per Fernauslöser lassen sich auch mehrere Blitzgeräte gleichzeitig auslösen. So können beispielsweise zwei oder mehr Lichtquellen zur Bildgestaltung herangezogen werden.

Tipp

Wenn Sie Objekte aus nächster Nähe fotografieren, z. B. bei Porträts, können Sie die Überbelichtung durch zu starken Blitzlichteinsatz verhindern, indem Sie ein Taschentuch oder nur eine Lage des Taschentuchs vor den Blitz halten. Außerdem wirkt die Ausleuchtung dann wesentlich weicher.

Große Räume ausleuchten

Besonders in großen Räumen stößt der eingebaute Blitz schnell an seine Grenzen und mit dem Öffnen der Blende wird der Schärfebereich kleiner. Vor allem für Gruppenfotos eignen sich hier externe Blitzgeräte, da sie zum einen den Rote-Augen-Effekt verhindern und andererseits genügend Leistung zur Verfügung stellen können um den ganzen Raum auszuleuchten.

Blitzsynchronzeit

Wird mit einem externen Blitz fotografiert, muss die Blitzsynchronzeit eingestellt werden. Dies schränkt zwar den Fotografen beim Fotografieren bewegter Objekte ein, ermöglicht ihm aber den Blitz genau auf Blende, Objektiv und Reichweite abzustimmen. Zudem gibt es auch Kameras, die sehr kurze Synchronzeiten ermöglichen oder sogar alle Belichtungszeiten. Meistens liegen die Blitzsynchronzeiten aber bei 1/60s oder 1/125s.

Indirektes Blitzen

Besonders beim Fotografieren von reflektierenden Flächen oder Gegenständen mit Blitz können durch indirekte Ausleuchtung unliebsame Reflexe verhindert werden. Dazu baut man entweder ein Blitzgerät oder eine Lampe (Studioleuchte nicht zwingend notwendig, dann aber auf den richtigen Weißabgleich achten) zusätzlich auf einem Stativ auf. Die Lampe sorgt dabei für die allgemeine Ausleuchtung des Raumes oder der Umgebung und das Blitzgerät auf der Kamera oder auf einem weiteren Stativ für die gezielte Ausleuchtung des Objektes.

Indirektes Blitzen kann auch mit einem Blitzgerät mit schwenkbarem Reflektor erzielt werden. Dabei sollte allerdings gegen eine weiße Decke geblitzt werden. Ist eine weiße Decke nicht vorhanden, kann alternativ auch ein Stück weißer Karton am Blitz befestigt werden, der ähnlich wie die Decke das Licht wieder zum Objekt lenkt. Durch den steileren Winkel des einfallenden Lichtes von oben werden unschöne Schlagschatten vermieden. Außerdem wird das Licht gestreut und sorgt so für eine gleichmäßigere und weichere Ausleuchtung.

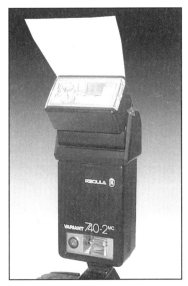

Mit einem Karton am Reflektor lässt sich auch ohne weiße Zimmerdecke indirekt blitzen.

Wer farbiges Licht benötigt, kann entweder Farbfilter vor dem Reflektor des Blitzes befestigen oder indirekt gegen eine farbige Wand oder Decke blitzen.

Externe Blitze ermöglichen es auch mit Gegenlicht zu arbeiten. Wenn das Blitzgerät schräg hinter dem zu fotografierenden Objekt aufgebaut wird, wird nur der Umriss des Objektes als Lichtkranz abgelichtet. Hintergrund und Oberfläche des Objektes bleiben dabei dunkel.

Ein belaubter Ast nachts mit seitlicher Belichtung fotografiert – der Hintergrund ist schwarz und betont so die Struktur und den Umriss des Astes.

7. Bildgestaltung

Zwar ist die Digitalkameratechnik heute sehr weit fortgeschritten und für jeden Einsatzzweck ist ein entsprechendes Modell erhältlich. Doch eine Garantie für gute Fotos gehört nicht zum Lieferumfang. Glücklicherweise müssen Sie nicht zwangsläufig eine künstlerische Ader haben um gute Ergebnisse zu erzielen, denn für die Bildgestaltung gibt es einige grundlegende Regeln. Beachten Sie diese, sind die Ergebnisse leicht von einfachen Urlaubsfotos zu unterscheiden. Außerdem bieten Bildbearbeitungsprogramme wie PhotoImpact einige wichtige Funktionen um noch im Nachhinein Einfluss auf die Bildgestaltung zu nehmen.

Das richtige Bildformat wählen

Schon das richtige Bildformat kann entscheidend sein für die Wirkung, die das Bild auf den Betrachter hat. Zudem erfordern manche Motive automatisch durch ihre Form oder Charakteristik ein bestimmtes Bildformat.

Zweimal dasselbe Motiv, aber in zwei unterschiedlichen Bildformaten: Einmal liegt die Betonung auf dem kahlen Baum, im anderen Bild auf der Landschaft.

Unterschieden wird im Allgemeinen zwischen dem Hochformat und dem Querformat, wobei das Querformat wesentlich häufiger eingesetzt wird als das Hochformat, was wahrscheinlich vor allem daran liegt, dass das Design der Kameras in der Handhabung für das Querformat ausgelegt ist. Doch ist das Querformat deswegen nicht immer automatisch die richtige Wahl.

Auf jeden Fall sollte das Motiv das Bild immer weitgehend ausfüllen. Ist das in dem einen Format nicht möglich, geht es mit dem anderen Format vielleicht schon eher. Notfalls muss auch der Standpunkt gewechselt werden.

◆ Für Landschaftsaufnahmen eignet sich meistens das Querformat am besten, es gibt aber auch Ausnahmesituationen, in denen sich das Hochformat besser macht. Besonders wenn einzelne Objekte besonders hervorgehoben werden sollen, kann das Hochformat die bessere Wahl sein, zum Beispiel bei einem besonders markanten Baum oder wenn der Schwerpunkt auf der Wolkenstruktur liegt. Eine besondere Form des Querformats ist das Panoramabild. Mit diesem Format können Sie besonders gut die Ausdehnung des Motivs darstellen.

Für Landschaftsaufnahmen eignet sich meistens das Querformat am besten.

◆ Für Porträts bietet sich das Hochformat allein deswegen an, weil die abgebildete Person das Bild dann vollständig ausfüllt. Große leere Flächen wirken bei der Bildgestaltung selten interessant. Porträts im Querformat bergen ein gewisses Überraschungsmoment, das aber nur richtig zur Geltung kommt, wenn auch das ganze Bild genutzt wird. Bleiben dagegen große Teile frei, wirkt es eher langweilig.

◆ Für die Architekturfotografie eignet sich besonders bei hohen Gebäuden am ehesten das Hochformat. Sollen jedoch die Flächen der Gebäude hervorgehoben werden, ist das Querformat die bessere Wahl.

7. Bildgestaltung 131

Hohe Gebäude kommen im Hochformat oft am besten zur Geltung.

◆ Querformate haben oftmals eine beruhigende Wirkung, Hochformate dagegen wirken eher dynamisch.

Den richtigen Bildausschnitt wählen

Manchmal haben Sie beim Fotografieren nicht die Möglichkeit das Bildformat komplett zu nutzen oder merken erst beim Betrachten der Bilder mit PhotoImpact, dass der Bildausschnitt nicht richtig gewählt wurde.

Wichtig für den optimalen Bildausschnitt ist vor allem, dass das Bildformat vollständig ausgenutzt wird. Außerdem sollten keine allzu großen eintönigen Flächen den Bildeindruck stören. Besonders dunkle Bereiche können hier die Bildgestaltung stark beeinträchtigen.

In der analogen Fotografie kostet das Beschneiden der Fotos den Fotografen noch viel Überwindung. Schließlich ist der abgeschnittene Teil unwiederbringlich verloren. Mit PhotoImpact gestaltet sich das jedoch viel einfacher. Das beschnittene Bild kann unter einem anderen Namen abgespeichert werden. Somit kann das Original bei Bedarf auch wieder verwendet werden.

Wie Sie mit PhotoImpact den richtigen Bildausschnitt wählen, erfahren Sie hier:

1. Starten Sie PhotoImpact.
2. Öffnen Sie ein Bild, dessen Bildausschnitt geändert werden soll.

3. Wählen Sie nun aus der Werkzeugleiste das Zuschneidewerkzeug. Sie können es alternativ mit der Taste R aufrufen.

7. Bildgestaltung 133

4. Klicken Sie nun mit der linken Maustaste in das Bild und wählen mit gedrückter Maustaste den Bereich aus, den Sie ausschneiden möchten.
5. Lassen Sie die Maustaste los. Der Bereich, der nach dem Beschneiden wegfallen wird, ist nun rot eingefärbt.
6. An den Rändern des Auswahlbereichs befinden sich kleine rechteckige Kästchen. Klicken Sie diese an und bewegen dabei die Maus, ohne jedoch die Taste loszulassen. So können Sie den Auswahlbereich noch nachträglich ändern.

7. Um nun den ausgewählten Bereich auszuschneiden, klicken Sie doppelt in diesen Bereich (*nicht* in den rot eingefärbten).
8. Speichern Sie das neue Bild jetzt unter einem neuen Namen ab. Dazu wählen Sie *Datei > Speichern unter*. Bei *Dateinamen* geben Sie einen neuen Namen für das Bild ein und unter *Dateityp* wählen Sie am besten TIFF oder JPEG aus. Bestätigen Sie dann mit *Speichern*.

Der neu ausgewählte Bildbereich lenkt den Blick des Betrachters viel besser auf das kunstvoll verzierte Seitenleitwerk dieses Segelflugzeugs. Das Segelflugzeug im Hintergrund lässt Rückschlüsse auf den Aufnahmeort zu.

Alles über Schärfentiefe

Mit der Blende lassen sich unterschiedliche Schärfebereiche einstellen. Je lichtstärker das Objektiv und je besser die Lichtverhältnisse, desto größer sind die Möglichkeiten, die der Fotograf hat. Am besten verwenden Sie dazu die Zeitautomatik der Kamera. So müssen Sie sich keine Gedanken über die richtige Belichtungszeit machen.

> **Hinweis**
>
> **Zeitautomatik**
> Mit der Automatik A (Zeitautomatik) erhalten Sie die Kontrolle über die Blende, und die Kamera stellt automatisch die nötige Belichtungszeit ein. Die Kamera zeigt Ihnen auch an, wenn Sie einen Blendenwert gewählt haben sollten, der mit der Belichtungszeit nicht mehr ausgeglichen werden kann. Wählen Sie diese Automatik aus, wenn Sie den Schärfebereich selbst festlegen wollen.

Mit der Entfernung nimmt auch die Schärfentiefe zu. Wird also ein sehr naher Bereich scharf abgebildet, so betrifft dies nur einen sehr schmalen Bereich von wenigen Zentimetern. Soll dagegen ein weit entfernter Bereich abgebildet werden, geht der Schärfebereich bis ins Unendliche. Verantwortlich für die Schärfentiefe ist außerdem die Öffnung der Blende. Bei weit geöffneter Blende ist der Schärfebereich sehr gering. Ist die Blende jedoch sehr klein (große Blendenzahl), reicht die Schärfentiefe unter Umständen sogar vom Nahbereich bis ins Unendliche bzw. bis zum Horizont.

Verschiedene Schärfebereiche haben unterschiedliche Auswirkungen.

Geringe Schärfentiefe

Hierbei wird nur ein sehr schmaler Bereich scharf abgebildet. Das ist besonders bei Makroaufnahmen und Porträts sehr gefragt. Der Hintergrund wirkt dabei verschwommen und eher zweidimensional und flach. Dadurch wird der scharf abgebildete Gegenstand auch räumlich betont. Hierzu wählen Sie am besten eine große Blendenöffnung. Außerdem sind Sie dadurch vor allem freier in der Wahl der Belichtungseinstellung bzw. unabhängiger von den Lichtbedingungen. Die große Blendenöffnung mit dem geringen Schärfebereich eignet sich besonders gut für die Sportfotografie, vor allem dann, wenn sich der Sportler vor einem sehr unruhigen Hintergrund befindet, z. B. ein Fußballer im Stadion oder ein Radsportler vor dem Verfolgerfeld.

Dieser Schilfwedel hebt sich deutlich vom stark verschwommenen Hintergrund ab. Dank der weiten Blendenöffnung wurde das Foto trotz der schlechten Lichtverhältnisse der Morgendämmerung nicht unterbelichtet.

Große Schärfentiefe

Besonders Landschaftsaufnahmen mit Tiefenwirkung, bei denen auch Details im Vordergrund erkennbar sein sollen, sind auf einen großen Schärfebereich angewiesen. Dieser wird mit einer kleinen Blendenöffnung erzielt. Das macht Sie allerdings auch abhängig von den Lichtverhältnissen, besonders dann, wenn bewegte Objekte scharf abgebildet werden sollen, da die kleine Blendenöffnung dann nicht mehr mit einer längeren Belichtungszeit ausgeglichen werden kann.

Bei diesem Bild ist der Schärfebereich deutlich größer, dadurch sind Details auch im Hintergrund noch erkennbar.

Unschärfe künstlich erzeugen

Die meisten Digitalkameras besitzen leider keine allzu lichtstarken Objektive. Außerdem ist die Schärfentiefe bei Digitalkameras in der Regel auch deswegen wesentlich größer als bei ihren analogen Verwandten, weil die Aufnahmeformate der CCD-Sensoren und die Brennweiten sehr klein sind. Zwar lässt sich der Schärfebereich nachträglich nicht ändern, dafür können Sie aber mit PhotoImpact ausgewählte Bereiche "entschärfen". Besonders bei Porträtaufnahmen ist das sehr nützlich – schließlich soll der Hintergrund ja nicht vom eigentlichen Modell ablenken.

Bei diesem Foto ist schon eine leichte Unschärfe im Hintergrund zu erkennen. Allerdings scheint der Pilz, nicht zuletzt wegen geringer Farbkontraste, mit dem Hintergrund zu verschmelzen.

7. Bildgestaltung

Wie Sie mit PhotoImpact künstlich Hintergrundunschärfe erzeugen, erfahren Sie im Folgenden:

1. Öffnen Sie ein Bild in PhotoImpact, das Sie mit künstlich erzeugter Hintergrundunschärfe verbessern wollen.
2. Zunächst muss der Bereich ausgewählt werden, der mit einer Unschärfe versehen werden soll. Rufen Sie dazu die Auswahl-Werkzeugleiste auf. Diese können Sie aktivieren, indem Sie mit der rechten Maustaste in einen freien Bereich der Symbolleiste klicken. Im daraufhin erscheinenden Kontextmenü klicken Sie auf *Auswahl-Werkzeugleiste*, so dass sich dort ein Haken befindet.

3. Wählen Sie hier das Lasso-Werkzeug aus.
4. Markieren Sie nun den Bereich mit dem Lassowerkzeug, den Sie nicht verändern wollen. Im Beispiel ist das der Pilz. Dazu klicken Sie irgendwo im Bild an den Rand des auszuwählenden Objekts. Fahren Sie nun die Konturen ab und setzen dabei immer wieder Haltepunkte, indem Sie einfach auf die Kontur klicken. Machen Sie das so lange, bis Sie wieder am Anfangspunkt angekommen sind.
5. Je sorgfältiger Sie bei der Auswahl vorgehen, desto besser wird später das Ergebnis ausfallen. Die Auswahl lässt sich leichter vornehmen, wenn Sie zuvor etwas ins Bild hineingezoomt sind. Das Zoom-Werkzeug können Sie mit der Taste [Z] aufrufen.

138 Fotos bearbeiten mit PhotoImpact 8

6. Wählen Sie nun aus dem Menü *Auswahl* die Funktion *Umkehren* um den zu bearbeitenden Bereich auszuwählen.
7. Rufen Sie nun im Menü *Effekt > Weichzeichnen* die Funktion *Gaußsche Unschärfe* auf.
8. PhotoImpact schlägt Ihnen jetzt einige Schnellbeispiele vor. Suchen Sie sich am besten eine Möglichkeit aus. Lassen Sie sich nicht irritieren, wenn auch der Bereich unscharf dargestellt wird, der eigentlich nicht bearbeitet werden soll. Dieser wird nicht weichgezeichnet, vorausgesetzt Sie haben vorher die richtige Auswahl getroffen.

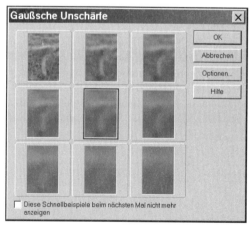

9. Sollte Ihnen der Effekt noch nicht richtig gefallen, können Sie ihn mit *Bearbeiten > Rückgängig: Vorheriges > Gaußsche Unschärfe* wieder aufheben.

7. Bildgestaltung

10. Genügen Ihnen die angebotenen Schnellbeispiele jedoch nicht, so gelangen Sie über die Schaltfläche *Optionen* an die manuellen Einstellmöglichkeiten. Hier wird der Auswahlbereich auch richtig dargestellt.

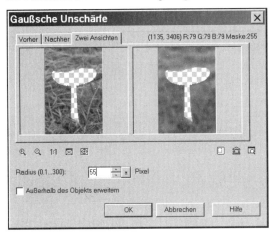

11. Unter *Radius* können Sie mit der Anzahl der Pixel darstellen, wie unscharf der ausgewählte Bereich dargestellt werden soll. Experimentieren Sie am besten ein wenig herum. Im rechten Vorschaubild können Sie die Auswirkungen direkt erkennen.
12. Bestätigen Sie dann mit *OK*.
13. Ist das Ergebnis zufrieden stellend, so klicken Sie in den nicht ausgewählten Bereich um die Auswahl aufzuheben.

Nach dem Weichzeichnen des Hintergrundes sticht der Pilz wesentlich besser ins Auge.

Bewegung fotografisch darstellen

Bewegung als solche auf dem Foto festzuhalten ist gar nicht so einfach. Entweder Sie fotografieren mit sehr kurzer Belichtungszeit und erhalten dann ein Foto, das wie eingefroren wirkt, oder es ist vielleicht sogar unterbelichtet, da die Kamera über kein besonders lichtstarkes Objektiv verfügt.

Wählen Sie jedoch eine zu lange Belichtungszeit, wirkt das ganze Bild unscharf und im schlimmsten Fall ist noch nicht einmal das Motiv erkennbar.

Dass dieses Foto Bewegung darstellen soll, ist unverkennbar, jedoch sind keinerlei Details sichtbar.

Eine Möglichkeit die Unterbelichtung zu verhindern besteht darin, die Blendenautomatik zu nutzen. Die Kamera stellt dann automatisch die richtige Blendenöffnung ein.

Hinweis

Blendenautomatik
Hinter dem Buchstaben S verbirgt sich normalerweise die Blendenautomatik. Hierbei übernimmt die Kamera die Blendeneinstellung, so dass der Fotograf nur die Belichtung einstellen muss. Diese Einstellung wählen Sie am besten, wenn Sie bewegte Objekte, beispielsweise bei Sport- oder Tieraufnahmen, ablichten wollen. Auch zum Erzeugen von Bewegungsunschärfe ist diese Automatik ideal geeignet.

Die besten Bewegungseffekte lassen sich erzielen, wenn Sie die Kamera während des Auslösens mit dem Objekt in der Bewegung mitziehen. Dadurch erscheint dieses dann scharf und der unbewegte Hintergrund verwischt. Allerdings ist dieser Effekt mit der Kamera nicht sehr leicht zu erzielen.

Eine weitere Möglichkeit die Bewegung darzustellen besteht darin, den Bildbereich, in dessen Richtung sich das Objekt bewegt, frei zu lassen. Ein Sportler, der z. B. beim Sprint fotografiert wird, kommt beispielsweise von links; der Sportler wird dann im Bild auf der linken Seite angeordnet und der rechte Teil bleibt frei.

7. Bildgestaltung   141

Bewegung mit PhotoImpact erzeugen

Die oben genannten Methoden sind beim Fotografieren nicht immer zu realisieren. Besonders mit Digitalkameras kann das sehr schwierig werden, da manche Kameras eine sehr lange Auslöseverzögerung haben. Da wird die ganze Angelegenheit zum Glücksspiel.

Leichter lässt sich das mit PhotoImpact realisieren.

Solche "schnellen" Effekte lassen sich fast nur mit dem Bildbearbeitungsprogramm realisieren.

Wie Sie die Bewegungsunschärfe ins Bild bringen, lesen Sie hier:

1. Fotografieren Sie ein sich bewegendes Objekt mit möglichst kurzer Belichtungszeit. Verwenden Sie dazu am besten die Blendenautomatik.
2. Laden Sie das Bild in den Computer.
3. Starten Sie PhotoImpact.
4. Öffnen Sie das Bild in PhotoImpact mit *Datei > Öffnen*.

142 Fotos bearbeiten mit PhotoImpact 8

5. Rufen Sie die Auswahl-Werkzeugleiste auf. Klicken Sie dazu mit der rechten Maustaste in den freien Bereich der Symbolleiste. Im Kontextmenü, das sich nun öffnet, klicken Sie auf *Auswahl-Werkzeugleiste*, so dass dort ein Haken erscheint.
6. Stellen Sie nun das Objekt, dessen Bewegung Sie im Foto darstellen wollen, mit dem Lasso-Werkzeug (mit der Taste M aktivierbar) frei. Fahren Sie dazu einfach die Konturen des Objektes nach. Das muss nicht sehr genau sein, die groben Umrisse genügen schon für unsere Zwecke.
7. Wählen Sie nun im Menü *Auswahl > Umkehren*. Jetzt ist der Bereich um das bewegte Objekt freigestellt.
8. Unter *Effekt > Weichzeichnen* finden Sie die Filterfunktion *Bewegungsunschärfe*. Wählen Sie diese aus.
9. Ignorieren Sie die Schnellbeispiele und klicken Sie auf die Schaltfläche *Optionen*.

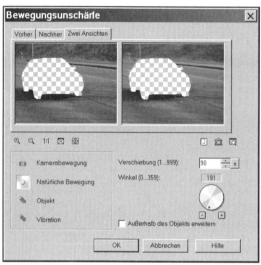

10. Stellen Sie zunächst den Wert für die Verschiebung ein. Je größer der Wert, desto deutlicher ist der Wischeffekt im fertigen Bild.
11. Als Nächstes stellen Sie den Winkel ein, in dessen Richtung die Verschiebung erfolgen soll. Lesen Sie den Winkel im Uhrzeigersinn ab. Im Beispielbild sind das ungefähr 190°. Klicken Sie dazu einfach auf den roten Punkt im Kreis und drehen diesen so lange mit gedrückter Maustaste, bis der richtige Wert angezeigt wird.
12. Bestätigen Sie dann mit *OK*.
13. Um die vorhin durchgeführte Auswahl wieder aufzuheben, wählen Sie in der Werkzeugleiste das Auswahl-Werkzeug und doppelklicken in den Auswahlbereich.

Durch den Wischeffekt wird die Bewegung des Autos deutlich. Je stärker der Wischeffekt, desto schneller scheint sich das Auto zu bewegen.

Der goldene Schnitt

Die einfachste Methode ein ansprechendes Foto zu machen besteht darin, sich des goldenen Schnittes zu bedienen. Damit ist eine besondere Anordnung wichtiger Bildelemente auf dem Foto gemeint. Die Regeln des goldenen Schnittes sind der Dreiteilung und der 4-Punkte-Einteilung sehr ähnlich, werden jedoch etwas einfacher formuliert.

Regel des goldenen Schnittes:

♦ Der Horizont und das zentrale Element werden im Verhältnis 70:30 oder 30:70 auf dem Foto angeordnet.

♦ Das heißt: Der Horizont befindet sich nach dem Schema der Dreiteilung entweder im oberen Drittel oder im unteren Drittel, niemals aber in der Mitte.

- Das zentrale Element, z. B. die aufgehende Sonne oder ein Baum, befindet sich dann gemäß der 4-Punkte-Regel am linken oberen oder im rechten unteren Schnittpunkt. Weitere Bildelemente werden diagonal zum ersten angeordnet.

Die Gestaltung dieser Landschaftsaufnahme folgt weitgehend dem goldenen Schnitt. Horizontlinie und Baum teilen das Bild im Verhältnis 70:30 auf.

Farbverläufe

Nicht immer findet man die zum Fotografieren notwendigen optimalen Lichtverhältnisse vor. Oftmals gibt es statt des erhofften blauen Himmels nur eine grau verhangene Wolkendecke. Aber besonders im Urlaub hat man nicht immer die Zeit auf besseres Wetter zu warten.

Als Digitalfotograf haben Sie aber die Möglichkeit, die Wetterverhältnisse zumindest auf dem Foto noch nachträglich zu ändern. Wer keine besonderen Ansprüche an einen Himmel mit Wolken stellt, kann mit PhotoImpact die Wolkendecke leicht ausschneiden und stattdessen den Himmel blau einfärben. Dumm ist nur, dass es dann irgendwie unecht aussieht.

Die Lösung dafür ist aber ziemlich einfach. Mit einem Farbverlauf lässt sich das Aufhellen zum Horizont hin gut nachahmen.

Wie Sie den Farbverlauf richtig erstellen, erfahren Sie hier:

1. Öffnen Sie ein Foto, dessen Himmel Sie ändern möchten.

7. Bildgestaltung 145

2. Nun muss der Bereich freigestellt werden, der durch einen Farbverlauf ersetzt werden soll. Einfacher ist es aber oftmals, das freizustellen, was nicht verändert werden soll. Schneiden Sie also die Bildteile aus, die nicht zu bearbeiten sind. Benutzen Sie dazu am besten wieder das Lasso-Werkzeug, mit dem Sie schon in den vorangegangenen Schritt-für-Schritt-Anleitungen gearbeitet haben.
3. Wählen Sie dann *Auswahl > Umkehren*.
4. Rufen Sie die Füll-Werkzeugleiste auf. Klicken Sie dazu mit der rechten Maustaste in den freien Bereich der Symbolleiste und wählen im Kontextmenü die *Füll-Werkzeugleiste* aus.

5. Aus der Füll-Werkzeugleiste wählen Sie dann die *Lineare Farbverlaufsfüllung* aus. Das geht auch mit der Taste F.

6. Unterhalb der Menüleiste ist nun eine Fülloptionen-Leiste eingeblendet. Stellen Sie hier die Füllfarben ein, indem Sie auf die Farbfelder unter *Füllfarben* klicken. Im Fenster *Farbwähler* können Sie jetzt eine Farbe auswählen. Das linke Farbfeld ist für die erste Farbe des Farbverlaufs, das rechte bestimmt entsprechend die zweite Farbe.
7. Klicken Sie dann ins Bild und ziehen den Mauszeiger mit gedrückter Taste in Richtung des unteren Bildrandes. Lassen Sie die Maustaste los. Der Farbverlauf ist jetzt in den ausgewählten Bereich eingefügt worden.
8. Um die Auswahl wieder aufzuheben wählen Sie aus dem Menü *Auswahl > Auswahl wechseln*.

Die Dorfkirche bei Nacht

8. Filterpraxis

Der Begriff *Effektfilter* kommt ursprünglich aus der analogen Fotografie, da hier echte Filter vor das Objektiv geschraubt werden, die besondere Effekte erzeugen oder einfach nur die Bildqualität verbessern. Heute, im Zeitalter der digitalen Fotografie, sind diese Filter nicht mehr zwingend notwendig, tragen aber dennoch erheblich zur besseren Bildqualität bei, da bei ihrem Einsatz alle der wenigen Pixel der CCD-Sensoren genutzt werden können. Anders ist das bei der Bildbearbeitung; hier gehen beim Einsatz von Filtereffekten oft wertvolle Bildinformationen verloren.

Tolle Effekte ohne Computer: Filterübersicht

Wer ein Filtergewinde am Objektiv hat oder eines nachrüsten kann, hat die Möglichkeit mit dem Einsatz von Filtern die Bildqualität zu steigern oder tolle Effekte zu erzielen. Der Markt bietet ein ganzes Sortiment an Filtern für die verschiedenen Zwecke an. Diese Effekte können auch am PC mit leistungsfähigen Bildbearbeitungsprogrammen erzeugt werden, gehen aber häufig zu Lasten der Bildqualität.

Hier einige Filter und ihre Einsatzgebiete:

UV-Filter

UV-Filter filtern die ohnehin nicht sichtbaren UV-Strahlen heraus und verhindern so einen flauen Eindruck, der besonders in Gebirgsregionen oder am Meer auftritt. Prinzipiell kann der farblose UV-Filter jederzeit eingesetzt werden. Wer ein Filtergewinde am Objektiv hat und keinen Adapter benötigt, kann den UV-Filter immer dort belassen. So dient der Filter auch noch als Objektivschutz. Sollte der Filter beschädigt werden, ist der Schaden weitaus geringer als wenn das Objektiv beschädigt worden wäre. UV-Filter sind schon ab 10 Euro erhältlich.

> **Hinweis**
>
> Ähnliche Effekte erzeugt auch die Tonwertkorrektur, die Sie ohnehin an jedem Bild durchführen sollten.

Skylight-Filter

Diese Filter sperren ebenfalls das UV-Licht aus, sind jedoch nicht farblos und sorgen für einen leicht rötlichen Farbstich. Das Einsatzgebiet ist ähnlich dem des UV-Filters. Sie fördern den Kontrast und sorgen für kräftige Farben.

UV- und Skylight-Filter können sehr häufig eingesetzt werden.

Verlaufsfilter

Besonders für Farbaufnahmen eignen sich halbseitig gefärbte Filter, bei denen die eine gefärbte Hälfte weich in die andere ungefärbte Hälfte übergeht. Damit lässt sich zum Beispiel ein zu heller Himmel abdunkeln um eine korrekte Belichtung zu ermöglichen. Außerdem fördern sie den Kontrast und die Farbintensität. Verlaufsfilter gibt es häufig als Graufilter, aber auch als Farbfilter.

Hinweis

Diesen Effekt können Sie mit PhotoImpact auch am Computer erzielen. Sie finden ihn im Menü *Effekt > Fotografie > Farbverlaufsfilter*.

Farbfilter

Farbige Filter verbessern vor allem den Tonwertumfang bei Schwarz-Weiß-Aufnahmen. Die feinen Tonwertabstufungen, die mit diesem Farbfilter erzielt werden, können mit einem Bildbearbeitungsprogramm nicht erzeugt werden. Rotfilter eignen sich unter anderem dazu, blauen Himmel abzudunkeln und den Kontrast zu erhöhen. Gelbfilter gibt es in mehreren Nuancen von einem hellen Gelb bis Orangerot. Auch für Farbaufnahmen sind diese Filter geeignet. Sie fördern ebenfalls die Intensität und den Kontrast des Bildes.

Hinweis

Alternativ kann natürlich auch die Farbjustierung in PhotoImpact eingesetzt werden. Allerdings funktioniert diese nicht im Graustufenmodus. Sie müssen also erst das Farbbild bearbeiten und dann den Modus ändern.

Fisheye

Mit den Fisheye-Filtern (dt. "Fischauge") lassen sich weitwinklige, kugelartig verzerrte Effekte erzielen. Die Fotos sehen dann eben aus wie durch ein Fischauge betrachtet. Allerdings wird dabei nicht die ganze Fläche des Bildformates ausgenutzt. Die Ränder bleiben schwarz, nur ein kreisrunder Bereich wird genutzt.

Polarisationsfilter

Mit einem Polfilter lassen sich Spiegelungen und/oder Reflexionen vermeiden. Dadurch ist es möglich durch Fensterscheiben zu fotografieren, ohne störende Spiegelbilder des Fotografen oder von Gegenständen mit ins Bild zu bekommen. Auch Reflexionen können unterdrückt werden, allerdings wirken dann auch glänzende Oberflächen stumpf. Ein metallic lackiertes Auto wäre auf einem Foto, das mit Polfilter gemacht wurde, nicht als solches zu erkennen. Dafür könnte man mehr Innenraumdetails sehen. Bei Landschaftsaufnahmen mit seitlich einfallendem Licht kann das Himmelsblau durch den Einsatz eines Polarisationsfilters verstärkt werden. Ein weiterer Vorteil ist die Unterbindung störender Reflexionen auf Wasseroberflächen. So werden Fischaufnahmen auch ohne wasserdichtes Gehäuse möglich, weil außerhalb des Wassers fotografiert werden kann.

Hinweis

Dieser Filter gehört zu den wenigen, die nicht am Computer erzeugt werden können. Informationen, die das Bild nicht enthält, können auch nachträglich nicht erzeugt werden.

Nahlinsen

Wer dagegen lieber kleine Tiere fotografiert, ist mit Nahlinsen besser beraten. Diese vergrößern kleine Objekte im Makrobereich. Erhältlich sind sie in mehreren Ausführungen mit 1,5-, 2- und 3facher Vergrößerung. Außerdem lassen sie sich miteinander kombinieren. Die Nahlinsen werden auch in das Filtergewinde geschraubt.

Hinweis

Das vollformatige Abbilden der Motive mit einer Nahlinse ist besonders in der digitalen Fotografie die bessere Alternative zur nachträglichen Beschneidung der Bilder oder zum kamerainternen Digitalzoom, da hierbei alle Pixel genutzt werden können.

Weitwinkelvorsätze

Weitwinkelliebhaber haben es in der Digitalfotografie oft schwer. Wirklich kurze Brennweiten findet man selten und nur bei sehr teuren Digitalkameras. Mit Weitwinkelvorsätzen kann die Brennweite halbiert werden. Sie werden ebenfalls mit Filteradaptern angebracht. Die tonnenförmigen Verzeichnungen, die diese Vorsätze mit sich bringen, können als besonderer Effekt genutzt oder per Software entzerrt werden.

Filtereffekte mit PhotoImpact erzeugen

Obwohl sich schon beim Fotografieren einige Effekte erzielen lassen, macht es Sinn auch die Effektfilter von PhotoImpact zu nutzen. Immerhin müssen Sie diese nicht alle einzeln bezahlen. Zudem bietet PhotoImpact auch Effekte an, die Sie mit optischen Filtern nie erzielen könnten. Die Filter finden Sie übrigens alle im Menü *Effekt*. Eine Auswahl an Filterbeispielen finden Sie in der Trickkiste. Diese Beispiele können auch direkt im Bild angewandt werden.

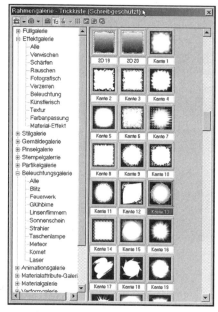

In der Trickkiste finden Sie viele fertige Filterbeispiele.

Die Trickkiste können Sie aufrufen, indem Sie mit der rechten Maustaste auf eine freie Stelle unter der Symbolleiste klicken. Im Kontextmenü wählen Sie dann einfach *Trickkiste* aus.

Lichtstimmung verändern: Diffuses Ambiente

Mit dem Filter *Diffuses Ambiente* können Sie die Lichtstimmung ganz entscheidend beeinflussen. Der Filter erweckt, je nach Stärke der Anwendung, einen blendenden Eindruck. Die Lichtstärke scheint zugenommen zu haben. So wenden Sie diesen tollen Filter richtig an:

1. Starten Sie PhotoImpact.
2. Öffnen Sie ein Bild mit *Datei > Öffnen*.

8. Filterpraxis

3. Wählen Sie dann im Menü *Effekt* unter *Fotografie* den Filter *Diffuses Ambiente* aus.

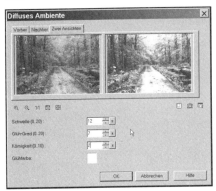

4. Stellen Sie nun die Werte für *Schwelle*, *Glühgrad* und *Körnigkeit* ein. Die Auswirkung der beiden erst genannten Optionen können Sie sofort im Vorschaubild sehen. Die Körnigkeit ist allerdings erst nach Beenden der Funktion erkennbar. Diese sollten Sie nicht allzu groß wählen, der voreingestellte Wert ist in der Regel völlig ausreichend.

5. Führen Sie die Filterfunktion aus, indem Sie auf *OK* klicken.

Je nach Größe der Werte für *Schwelle* und *Glühgrad* ist der Filtereffekt unterschiedlich deutlich sichtbar. Hier einige Beispiele:

Von links oben nach rechts unten: das unbearbeitete Original; Filter mit folgenden Werten: Schwelle 5, Glühgrad 10, Körnung 2; S.12, G.10, K.2; S.12, G.7, K.10

Beleuchtung aufbessern

Mit diesem Filter können Sie das Bild aufhellen oder die Schatten verstärken. Dazu stehen zwei Regler bereit, mit denen Sie entweder die hellen (*Blitzauffüllung*) oder die dunklen (*Schatten aufbessern*) Tonwerte bearbeiten können. Den Filter finden Sie im Menü *Effekt* unter *Fotografie*.

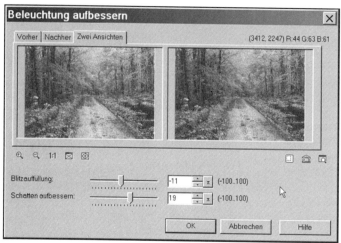

Mit dem Filter Beleuchtung aufbessern *können Sie die Helligkeit ändern.*

Zoom-Unschärfe

Dieser Filter ermöglicht es, Effekte zu erzielen, denen man die Geschwindigkeit richtig ansieht. Mit der Digitalkamera erzeugen Sie diesen Zoom-Unschärfe-Effekt, indem Sie während des Auslösens entweder hinein- oder herauszoomen, also die Brennweite verändern. Das ist jedoch nur mit den teuren Spiegelreflexkameras möglich. Wer sich keine so teure Kamera kaufen kann oder möchte, der kann auf den von PhotoImpact bereitgestellten Effektfilter zurückgreifen.

Wie Sie diesen Filter richtig anwenden, lesen Sie im Folgenden:

1. Öffnen Sie ein Bild in PhotoImpact.
2. Wählen Sie dann im Menü *Effekt* > *Weichzeichnen* den Filter *Zoom-Unschärfe*.

8. Filterpraxis

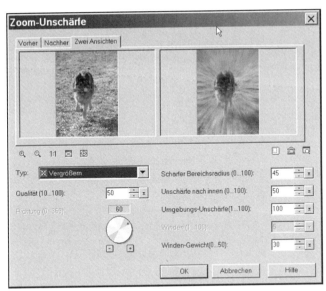

3. Auf der Registerkarte *Zwei Ansichten* können Sie den Fluchtpunkt für die Zoom-Unschärfe festlegen. Klicken Sie dazu auf den roten Punkt in der Mitte des gestrichelten Kreises und ziehen ihn mit gedrückter Maustaste an einen beliebigen Punkt im Bild.

4. Unter *Typ* stellen Sie *Vergrößern* ein. Den Wert für die *Qualität* sollten Sie auf 50 oder 60 stellen. Je kleiner dieser Wert ist, desto stärker ist der Filtereinsatz als solcher erkennbar und desto künstlicher wirkt dieser Effekt. Ein großer Wert (z. B. 100) lässt zumindest noch Details erahnen.

5. Stellen Sie als Nächstes mit dem Regler den *Scharfen Bereichsradius* ein. Den Regler finden Sie neben dem Eingabefeld, wenn Sie auf die Pfeiltaste klicken. Der scharfe Bereichsradius ist der Bereich, auf den der Filter nicht angewandt wird. Im linken Vorschaubild ist das der innere gestrichelte Kreis.

6. Unter *Unschärfe nach innen* können Sie auch mittels Regler festlegen, wie groß der Bereich zwischen dem scharfen Bereichsradius und dem voll angewandten Filtereffekt ist. Es ist gewissermaßen ein Übergangsbereich. Ein kleiner Wert hat einen abrupten Übergang zur Folge.

7. Mit *Umgebungs-Unschärfe* stellen Sie die Intensität des eigentlichen Filtereffekts ein. Der Wert 100 liefert dann das deutlichste Ergebnis.

8. Wenn Sie diese Werte alle nach Ihren Bedürfnissen eingestellt haben, klicken Sie auf die Schaltfläche *OK* um den Filter endgültig anzuwenden.

Mit dem Filter Zoom-Unschärfe lassen sich "schnelle" Bewegungseffekte erzielen.

Bilder schärfen

Wenn Fotos unscharf wirken, dann liegt das entweder daran, dass beim Fotografieren verwackelt (bedingt durch eine zu lange Belichtungszeit) oder aber die Schärfentiefe falsch gewählt wurde. Darauf sollten Sie beim Fotografieren achten (siehe *Kapitel 6: Fotopraxis*). Bewegungsunschärfe und Schärfentiefe lassen sich, wie Sie bereits erfahren haben, relativ leicht mit PhotoImpact nachahmen, unscharfe Bilder lassen sich dagegen nur schwer nachschärfen.

Das größte Problem beim Schärfen ist das Rauschen, das dabei irgendwann auftritt. Unter *Rauschen* versteht man fehlfarbene Pixel. Zwar kann dieser Effekt auch beim Fotografieren (mit hohen Lichtempfindlichkeiten) auftreten und mit PhotoImpact nachgeahmt werden, er ist jedoch beim Schärfen nicht erwünscht. Wenn Sie also Bilder nachschärfen wollen, dann nur mit Bedacht und eher zu leicht als zu stark.

PhotoImpact stellt im Menü *Effekte > Schärfen* einige Filter zum Schärfen bereit. Einige davon werden im Folgenden beschrieben.

Schärfen – Benutzerdefiniert

Dieser Filter eignet sich am besten zum Experimentieren. Sie finden ihn im Menü *Effekt* unter *Schärfen > Benutzerdefiniert*. Hier können Sie mittels einiger Eingabefelder den Schärfungsgrad in Werten zwischen -999 und 999 selbst festlegen. Um das Ausfüllen der Kästchen zu erleichtern stehen Ihnen unter *Symmetrie* einige Funktionen wie zum Beispiel *4-Weg* zur Verfügung. Daneben können Sie noch einen Teiler und die *Verschiebung* einstellen.

Besonders geeignet ist der Filter für kreative Experimente. Wer ernsthafter damit arbeiten möchte, findet unter *Beispiele* einige Voreinstellungen, die die Funktionsweise dieses Filters etwas deutlicher machen. Es empfiehlt sich, die erzielten eigenen Ergebnisse zu *Speichern*.

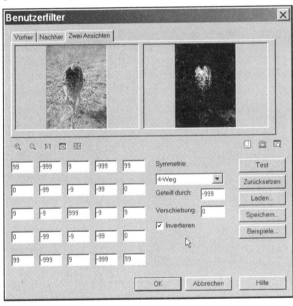

Dieser Filter eignet sich auch gut für kreative Effekte.

Schärfen – Konturen betonen

Mit diesem Filter lassen sich hervorragend Strukturen wie beispielsweise Kopfsteinpflaster verstärken oder hervorheben.

Wie Sie diesen Filter anwenden, lesen Sie hier:

1. Starten Sie PhotoImpact und öffnen Sie ein Bild.

2. Aktivieren Sie das *Lasso-Werkzeug* in der *Auswahl-Werkzeugleiste*. Diese finden Sie, wenn Sie mit der rechten Maustaste in einen freien Bereich der Symbolleiste klicken und im Kontextmenü einen Haken vor *Auswahl-Werkzeugleiste* setzen.
3. Stellen Sie mit dem *Lasso-Werkzeug* den Bereich frei, auf den Sie den Filter anwenden wollen.
4. Rufen Sie dann den Filter *Konturen betonen* im Menü *Effekt > Schärfen* auf.
5. Klicken Sie auf die Schaltfläche *Optionen*.

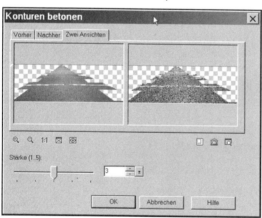

6. Mit dem Regler für die *Stärke* stellen Sie die Intensität dieses Filters ein. Die Auswirkungen können Sie sofort im rechten Vorschaubild im Register *Zwei Ansichten* verfolgen.
7. Bestätigen Sie mit *OK*.

8. Filterpraxis 157

Die Struktur des Kopfsteinpflasters ist jetzt deutlich besser erkennbar.

Künstliches Rauschen und Störungen

Normalerweise ist der Fotograf darauf bedacht, Bildfehler in Form von Rauschen möglichst zu vermeiden. Manchmal ist dieser Effekt jedoch wünschenswert. Aus der analogen Fotografie sind besonders die grobkörnigen Effekte von stark lichtempfindlichen Filmen bekannt. Gerade diese können in der Schwarz-Weiß-Fotografie sehr gut aussehen.

Wie Sie Rauschen und Störungen nachträglich erzeugen können, lesen Sie in den folgenden Schritt-für-Schritt-Anleitungen.

Stören – Störpixel anfügen

Mit dem Filter *Störpixel anfügen* können Sie künstlich Farbrauschen erzeugen. Dazu gehen Sie folgendermaßen vor:

1. Öffnen Sie in PhotoImpact ein Bild, das Sie nachträglich mit Farbrauschen versehen möchten.
2. Rufen Sie den Filter über *Effekt > Stören > Störpixel anfügen* auf.
3. Klicken Sie auf die Schaltfläche *Optionen*.
4. Stellen Sie die *Verteilung* ein. *Einheitlich* wirkt etwas regelmäßiger als *Variiert*.

5. Mit dem Regler *Varianz* stellen Sie die Stärke des Rauschens ein. Den Regler können Sie einblenden, indem Sie auf den Pfeil hinter dem entsprechenden Eingabefeld klicken.
6. Falls Sie kein Farbrauschen wollen, machen Sie einen Haken in das Kästchen vor *Monochrom*. Dann werden ausschließlich schwarze Störpixel eingefügt.
7. In der Registerkarte *Zwei Ansichten* können Sie die Auswirkungen Ihrer Einstellungen sofort im rechten Bild betrachten. Sollten Sie mit dem Ergebnis zufrieden sein, dann beenden Sie diesen Vorgang mit *OK*. Der Filter wird dann auf das Original angewandt.

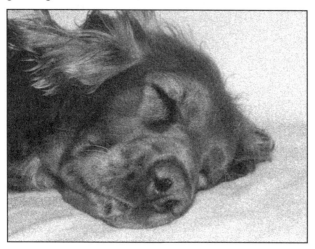

Hier wurde nachträglich Rauschen als Gestaltungsmittel angewandt.

Fotografie – Filmkörnung

Die typische Filmkörnung stark lichtempfindlicher Filme können Sie mit PhotoImpact einfach nachahmen. Das geht folgendermaßen:

1. Starten Sie PhotoImpact.
2. Öffnen Sie ein Bild, das Sie nachträglich mit dem Filmkörnungseffekt versehen möchten. Dieser Filter funktioniert allerdings nur mit Farbbildern.
3. Wählen Sie aus dem Menü *Effekte > Fotografie* den Filter *Filmkörnung* aus.

8. Filterpraxis 159

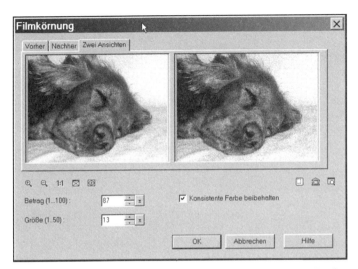

4. Geben Sie einen Wert für den *Betrag* zwischen 1 und 100 ein. Je größer dieser Wert ist, desto deutlicher wird der Effekt.
5. Mit *Größe* legen Sie die Stärke der Filmkörnchen fest. Je größer hier der Wert ist, desto kleiner sind die Filmkörnchen.
6. Machen Sie ein Häkchen vor *Konsistente Farbe beibehalten* um Farbrauschen zu vermeiden.
7. Wenden Sie den Filter endgültig auf Ihr Bild an, indem Sie auf die Schaltfläche *OK* klicken.

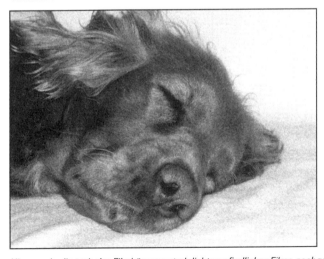

Hier wurde die typische Filmkörnung stark lichtempfindlicher Filme nachgeahmt.

Mit dem Partikeleffektfilter Wolken erzeugen

Sonnige Tage und wolkenfreier Himmel bieten in der Regel optimale Lichtverhältnisse zum Fotografieren. Einziges Manko: Der Himmel wirkt stinklangweilig. Mit PhotoImpact lassen sich jedoch glücklicherweise die Wolken auch nachträglich einfügen.

Der Himmel über der Würzburger Hafenpromenade wirkt nicht besonders aufregend. Dem soll abgeholfen werden.

Wie das geht, erfahren Sie hier:

1. Öffnen Sie in PhotoImpact ein Bild, in dessen Himmel Sie Wolken einfügen möchten.
2. Stellen Sie zunächst den Himmel frei. Dazu wählen Sie am besten das *Zauberstab-Werkzeug* aus der *Auswahl-Werkzeugleiste* aus. Alternativ können Sie auch so oft die Taste Ⓜ drücken, bis das *Zauberstab-Werkzeug* in der *Werkzeugleiste* erscheint. Klicken Sie dann mit diesem Werkzeug in den Himmel.
3. Wählen Sie dann den Filter *Partikeleffekte* aus dem Menü *Effekt > Kreativ* aus.

8. Filterpraxis

4. Unter *Partikel* wählen Sie nun die Funktion *Wolken* aus.
5. Stellen Sie dann in der Registerkarte *Einfach* unter *Effektsteuerung* die Werte für *Dichte*, *Größe* und *Abweichung* ein. Probieren Sie hier einfach etwas herum.
6. Geben Sie dann auch neue Werte unter *Partikelparameter* ein. Bei *Durchsichtigkeit* ist 100 undurchsichtig. Bei der *Frequenz* sorgen große Werte für feinere Strukturen.
7. Klicken Sie dann auf *OK* und im Kontextmenü auf *Aktuellen Effekt auf Bild anwenden*.

Nun ist der Himmel über Würzburg so richtig bewölkt.

Mit dem Partikeleffektfilter Regen darstellen

Durch den bewölkten Himmel wirkt die Stimmung auch gleich etwas düsterer. Da liegt es nahe, den passenden Wettereffekt ins Bild einzufügen. Und zu einem bewölkten Himmel passt meistens auch etwas Regen. Den Regen erzeugen Sie folgendermaßen:

1. Starten Sie PhotoImpact und öffnen Sie ein Bild.
2. Wählen Sie aus dem Menü *Effekt* > *Kreativ* > *Partikeleffekt*.
3. Markieren Sie unter *Partikel* (Bereich unten links) das Symbol *Regen*.

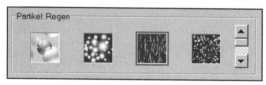

4. Stellen Sie dann in der Registerkarte *Einfach* unter *Effektsteuerung Dichte*, *Länge* und *Breite* der Regentropfen ein.
5. Unter *Partikelparameter* können Sie bei *Körper* die Größe und bei *Durchsichtigkeit* die Intensität der Regentropfen einstellen.
6. Legen Sie als Letztes noch die *Hintergrundunschärfe* fest. Je größer der Wert ist, desto detailärmer wird der Hintergrund. Das ist auch durchaus realistisch, da der Regen bekanntlich auch die Sichtweite verringert.
7. Beenden Sie die ganze Aktion, indem Sie auf die Schaltfläche *OK* und anschließend auf *Aktuellen Effekt auf Bild anwenden* klicken.

Würzburg bei Regen – mit PhotoImpact kein Problem

8. Filterpraxis 163

> **Tipp**
> Wenden Sie den Partikeleffekt mehrmals mit unterschiedlichen Einstellungen an. Die erzeugte Wirkung ist dadurch etwas plastischer.

Objekte mit dem Strahlerfilter hervorheben

Im Zirkus wird die Aufmerksamkeit des Publikums mithilfe von Spotstrahlern gelenkt. Was in der Manege geht, können Sie mit PhotoImpact auch auf dem Foto machen. Das Objekt, auf das Sie aufmerksam machen wollen, heben Sie einfach mit dem Strahlerfilter ins Blickfeld des Betrachters. Wie Sie das schnell und einfach machen, lesen Sie in der folgenden Schritt-für-Schritt-Anleitung:

1. Öffnen Sie in PhotoImpact ein Bild, dessen Hauptmotiv mit dem Strahlerfilter stärker betont werden soll.
2. Rufen Sie den Filter aus dem Menü *Effekt > Fotografie > Strahlerfilter* auf.

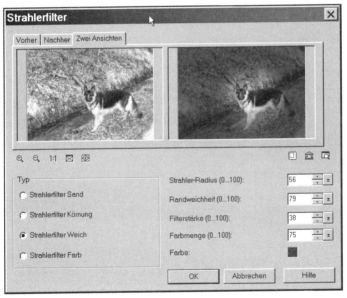

3. Wählen Sie unter *Typ* einen der Strahlerfilter aus. Beim Typ *Strahlerfilter Farbe* steht Ihnen die Funktion *Filterstärke* nicht zur Verfügung.
4. Ziehen Sie dann in der Registerkarte *Zwei Ansichten* im linken Vorschaubild den roten Mittelpunkt des Strahlerbereichs in die Mitte des zu bestrahlenden Objekts.
5. Legen Sie jetzt die Ausweitung des Strahlerbereichs mit der Funktion *Strahlerradius* fest. Je kleiner der eingestellte Wert ist, desto kleiner wird auch der ausgeleuchtete Bereich. Dieser ist im linken Vorschaubild durch die beiden roten gestrichelten Kreise gekennzeichnet.

6. Mit der Funktion *Randweichheit* können Sie den Übergang vom dunklen in den angestrahlten Bereich festlegen. Je kleiner hier der Wert ist, desto härter wird der Übergang. Sie können so also von der Ausleuchtung einer Taschenlampe bis hin zum Spotlight variieren.
7. Mit der *Filterstärke* können Sie den Kontrast zwischen dem ausgeleuchteten und dem dunklen, vom Filter nicht berührten Bereich einstellen. Ein großer Wert hebt das angestrahlte Objekt stärker hervor als ein kleiner.
8. Die Intensität der voreingestellten Farbe für den nicht angestrahlten Bereich stellen Sie mit der Funktion *Farbmenge* ein. Die Deckkraft steigt mit der Höhe des Wertes.
9. Unter *Farbe* können Sie eine beliebige Farbe auswählen, indem Sie einfach in das Farbkästchen klicken. Daraufhin erscheint der *Ulead Farbwähler*, der Ihnen eine kinderleichte Farbauswahl ermöglicht. Im Beispiel wurde ein dunkles Blau gewählt, um eine nächtliche Stimmung zu erzeugen.
10. Nach dem Einstellen aller Funktionen klicken Sie auf *OK*.

Nach der Bearbeitung mit dem Strahlerfilter erweckt das Bild den Eindruck, bei Nacht, angestrahlt mit einer Taschenlampe aufgenommen worden zu sein. Außerdem wird das Hauptmotiv klar hervorgehoben.

Blitze mit dem Filter *Kreative Beleuchtung* erzeugen

Haben Sie schon einmal versucht einen Blitz zu fotografieren? Wenn ja, dann wissen Sie, wie schwierig das ist. Einerseits weiß man nie genau, wann der Blitz denn endlich kommt, dann kann die Kamera nicht fokussieren (gut, wenn man manuell scharf stellen kann) und viele Digitalkameras leiden zudem an einer enormen Auslöseverzögerung. So wird das Fotografieren zum reinen Glücksspiel. Wer dennoch Fotos mit Blitzen im Freundeskreis herumzeigen möchte, kann mit PhotoImpact ein wenig tricksen. Dank des Filters *Kreative Ausleuchtung* geht das ganz einfach. Wie, das erfahren Sie hier:

1. Machen Sie ein Foto Ihres Wohnortes. Ideal ist es, wenn der Ort oder die Stadt von einem Hügel oder einem anderen erhöhten Punkt aus fotografiert wird. Zu welcher Tageszeit Sie das Foto machen, ist eigentlich egal. Ein bewölkter Himmel ist allerdings von Vorteil.
2. Speichern Sie das Bild auf der Festplatte und starten Sie PhotoImpact, um das Bild dann zu öffnen.

3. Wählen Sie aus dem Menü *Effekt > Ausleuchtung* den Filter *Kreative Beleuchtung*.
4. Zunächst wird die Helligkeit des Bildes mit der Funktion *Umgebungslicht* heruntergeregelt, damit die Blitze später auch glaubwürdig wirken und besser zu sehen sind.
5. Neben *Umgebungslicht* finden Sie auch eine Farbfläche. Klicken Sie in dieses Kästchen um eine andere Farbe zu wählen. Im Beispielbild wurde ein dunkles Blau gewählt.

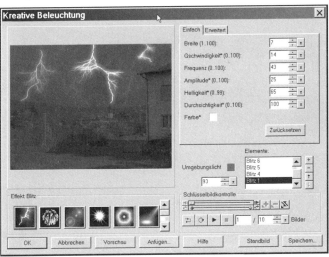

6. In der Registerkarte *Einfach* stellen Sie dann als Erstes bei *Breite* die Stärke des Blitzes ein. Wählen Sie keinen zu kleinen Wert, sonst ist der Blitz später kaum zu sehen.
7. Die Richtung und die Länge des Blitzes können Sie übrigens folgendermaßen ändern: Fahren Sie mit dem Mauszeiger im Vorschaubild an den Anfang oder das Ende des Blitzes. Wenn der Mauszeiger zum Verschiebepfeil wird, drücken Sie die linke Maustaste und verschieben dessen Position. Lassen Sie die Maustaste dann wieder los. Richten Sie den Blitz zum Beispiel auf die Kirchturmspitze oder ein anderes hohes Gebäude aus.
8. Mit den Funktionen *Geschwindigkeit, Frequenz* und *Amplitude* können Sie Einfluss auf die Form des Blitzes nehmen.
9. Die Funktion *Helligkeit* ermöglicht, wie der Name schon treffend sagt, das Einstellen der Helligkeit des Blitzes.
10. An der *Durchsichtigkeit* und der *Farbe* sollten Sie nichts ändern.
11. Um weitere Blitze einzufügen klicken Sie unter *Elemente* einfach auf die Schaltfläche mit dem +.
12. Den Effekt wenden Sie endgültig an, indem Sie auf den Button *OK* und anschließend auf *Aktuellen Effekt auf Bild anwenden* klicken.

Lauda während eines virtuellen Gewitters.

Lichtstimmung verändern

Nicht immer sind die Lichtverhältnisse so, wie man sie gern zum Fotografieren hätte. Oftmals wirken die Fotos hinterher zu warm (überwiegend rotstichig) oder zu kühl (Blautöne überwiegen), oder die Lichtintensität ist einfach zu gering. Mit den Filtern im Menü *Effekt > Ausleuchtung* können solche Mankos nachträglich behoben werden.

8. Filterpraxis

Dieses schöne Foto wurde in der Nähe von Tauberbischofsheim nach Sonnenuntergang aufgenommen. Mit PhotoImpact lassen sich die Lichteffekte noch nachträglich ändern. Foto: Jessica Stolzenberger

Um zu erfahren, wie der Filter *Licht* angewendet wird, lesen Sie die nachfolgende Schritt-für-Schritt-Anleitung:

1. Öffnen Sie ein Bild in PhotoImpact.
2. Wählen Sie aus dem Menü *Effekt > Ausleuchtung* den Filter *Licht*.
3. Klicken Sie auf *Optionen*.
4. Stellen Sie mit den Funktionen *Belichtung* und *Umgebung* die *Helligkeit* im Bild ein.
5. Mit der Funktion *Licht* regeln Sie die Helligkeit der eingefügten Lichtquelle.
6. Neben den Reglern für *Umgebung* und *Licht* finden Sie zwei Farbkästchen. Klicken Sie in die Kästchen um mit dem *Ulead Farbwähler* eine neue Farbe auszuwählen. Um im Beispielbild, welches nach Sonnenuntergang gemacht wurde, den Eindruck entstehen zu lassen, als wäre es noch während des Sonnenuntergangs entstanden, wurden hier die Farben Rot (*Umgebung*) und ein dunkles Gelb (*Licht*) gewählt. Das Ergebnis ist ein glutroter Himmel.
7. Im Beleuchtungsschema links unten können Sie die Entfernung, den Winkel und den Ausleuchtungsbereich festlegen. Klicken Sie dazu einfach auf das rote Quadrat und verschieben es. Die Auswirkungen sind sofort im rechten Vorschaubild erkennbar.
8. Eine ähnliche Einflussnahme auf die Lichtquelle ermöglichen auch die nebenstehenden Regler für *Schrägewinkel, Ausbreitung, Abstand* und *Erhöhung*. Experimentieren Sie ein wenig mit diesen Funktionen herum, um den Zusammenhang besser zu verstehen.
9. Ist das Ergebnis für Sie zufrieden stellend? Dann klicken Sie auf *OK*.

Gegenlichteffekte

Wer schon einmal gegen die Sonne fotografiert hat, hatte auf dem Foto entweder die Silhouette des fotografierten Objekts oder das Foto war hoffnungslos unterbelichtet. Mit PhotoImpact lassen sich sehr leicht so genannte Blend- oder Gegenlichteffekte ins Bild einfügen. Wie, das erfahren Sie hier:

1. Starten Sie PhotoImpact und öffnen Sie ein Bild.
2. Wählen Sie aus dem Menü *Effekt > Ausleuchtung* den Filter *Kreative Beleuchtung*.
3. Aktivieren Sie unter *Effekt* das *Linsenflimmern*, indem Sie auf das Symbol klicken.
4. Stellen Sie auf der Registerkarte *Einfach* einen *Linsentyp* ein. Im Beispiel wurde *50-300mm Zoom* gewählt.
5. Positionieren Sie die Lichtquelle an der gewünschten Stelle im Bild. Klicken Sie dazu auf die Lichtquelle im Vorschaubild und verschieben sie im Bild. Lassen Sie die Maustaste dann wieder los. Im Beispielbild wurde die Lichtquelle hinter der Silhouette des Baumes platziert.
6. Regeln Sie als Nächstes *Intensität* und *Größe* nach eigenem Ermessen.
7. Wählen Sie je nach Einsatzzweck eine *Lichtfarbe* aus. Für Sonnenauf- oder -untergang empfiehlt sich ein Orange- oder Gelbton, für Gegenlichteffekte zur Mittagszeit sollte Weiß gewählt werden.
8. Ändern Sie ebenso die Farbe für das *Umgebungslicht*. Rot für Sonnenauf- und -untergang und ein helles Blau oder Weiß für Tageslicht. Stellen Sie auch die Intensität mit dem Regler ein.
9. Wenn Sie weitere Lichtquellen im Bild simulieren wollen, klicken Sie unter *Elemente* auf die Schaltfläche mit dem +.
10. Haben Sie alles eingestellt? Dann beenden Sie mit einem Klick auf *OK* und anschließend auf *Aktuellen Effekt auf Bild anwenden*.

Man könnte meinen, die Sonne hinter dem Baum blendet die Fotografin, doch das Foto entstand erst nach Sonnenuntergang. Foto: Jessica Stolzenberger

8. Filterpraxis

Sie sollten nun genug über Filter wissen um sie in PhotoImpact nach eigenen Vorstellungen zur Bildgestaltung anzuwenden. Da Erfahrung bekanntlich der beste Lehrmeister ist und Übung den Meister macht, bringt Sie das eigene Ausprobieren schnell weiter und schafft Sicherheit bei der Anwendung der unterschiedlichen Filtereffekte.

9. Webdesign mit PhotoImpact

Das Internet war zunächst eine rein textbasierte Angelegenheit. Erst mit der Definition von HTML als Auszeichnungssprache, der Installation des ersten HTTP-Servers und der Entwicklung von Browsern, die mit HTML etwas anfangen konnten, wurde es im Internet bunt, und zwar wirklich-welt-weit. PhotoImpact ist ein gutes Werkzeug, um Bilder (und anderes) für das Internet zu gestalten. Sie müssen sich kein anderes Programm für das Webdesign anschaffen. Schauen Sie zunächst einmal nach, wie Sie für diese Aufgaben PhotoImpact ausreizen können.

PhotoImpact – der kompetente Webdesigner

Sie erkennen schnell, dass PhotoImpact auch für das Webdesign entwickelt wurde, wenn Sie in das Menü schauen. Im Menü *Datei* finden Sie gleich drei Einträge (jeweils mit Untermenüs), die auf diese Aufgaben hindeuten:

◆ Von Web öffnen

◆ Für Web speichern

◆ Vorschau in Browser

An anderen Stellen verstecken sich weitere Hinweise (z. B. im Menü *Exportieren*), die aber hier nicht weiter untersucht werden sollen. Darüber hinaus gibt es einen eigenen Menüpunkt *Web*.

PhotoImpact ist für das Webdesign prädestiniert.

Mit PhotoImpact gestalten Sie nicht nur Bilder für das Internet, sondern können komplette Webseiten erstellen. In diesem Kapitel werden wir Ihnen wichtige Details zu diesen Fähigkeiten vorstellen.

Das richtige Format wählen

Bilder im Internet können nicht in beliebigen Formaten veröffentlicht werden. Gängig sind drei Dateiformate:

- JPG (oder JPEG)
- GIF
- PNG

Das letzte Format ist ziemlich neu und soll einzelne Nachteile, die in den beiden anderen Formaten enthalten sind, ausgleichen. Leider wird dieses Format noch längst nicht von allen Browsern unterstützt. Deshalb sollten Sie vorläufig mit den ersten beiden Dateiformaten (JPG und GIF) arbeiten.

Wie Sie Ihre Bilder in diesen Formaten mit PhotoImpact richtig erstellen, erfahren Sie in den folgenden Abschnitten.

Bilder ins JPG-Format konvertieren

Das JPG-Format ist das richtige Format für alle Ihre Fotos. Wollen Sie eines für das Internet aufbereiten, so konvertieren Sie es in dieses Format. Es handelt sich um ein komprimiertes Format. Aus einer großen Bilddatei wird eine relativ kleine, die schnell in den Browser geladen werden kann. Klein wird sie durch eine interne Komprimierung – aber auch dadurch, dass auf bestimmte Details verzichtet wird.

> **Hinweis**
>
> Wenn Sie ein Bild bearbeiten wollen, dann wählen Sie die Konvertierung in das JPG-Format als letzten Schritt, denn bei jedem Speichern würde das Bild sonst an Qualität verlieren.

9. Webdesign mit PhotoImpact 173

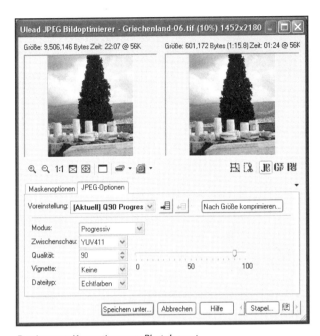

Der Internet-Konvertierer von PhotoImpact

Um ein Bild von einem in ein anderes Format zu konvertieren, können Sie natürlich über den üblichen Weg gehen:

1. Wählen Sie *Datei > Speichern unter.*
2. Stellen Sie bei *Dateityp* das neue Format (z. B. *.jpg) ein.

Mit PhotoImpact geht das aber noch viel eleganter:

1. Wählen Sie aus dem Menü *Datei* den Eintrag *Für Web speichern.*
2. Aus dem Untermenü wählen Sie *Gesamtes Bild.*

Sie sehen in der vorangegangenen Abbildung, was Sie erwartet. In einem Dialogfenster bekommen Sie das Ausgangsbild gezeigt und daneben die Variante für das Web. Benutzen Sie die vorgegebenen Standardeinstellungen, so wird aus einer ca. 9 MB großen TIF-Datei bereits eine JPG-Datei von ca. 600 KB. Das ist doch schon was! Leider ist solch eine Datei für das Internet eigentlich immer noch zu groß. Nun kommt es darauf an, einen vernünftigen Kompromiss zu finden zwischen Bildqualität und Internet-Optimierung.

Für das Internet optimieren

Um die folgenden Schritte nachvollziehen zu können suchen Sie sich eine ähnlich große Bilddatei in einem verlustfreien Dateiformat (z. B. UFO oder TIF). Öffnen Sie das Bild dann wie oben beschrieben mit dem Befehl *Für Web speichern*.

Die Voreinstellungen sind in der Regel: *JPEG Q90 Progressiv*. Dass dies bei großen Bildern nicht ausreichend ist, wurde schon bemerkt. Da die beiden Vergleichsbilder relativ klein sind, lassen sich Veränderungen kaum oder gar nicht feststellen. Vergrößern Sie deshalb den Bildausschnitt durch Anklicken der Lupe mit dem Pluszeichen so lange, bis Sie detaillierte Unterschiede wahrnehmen können.

Tipp

Manchmal macht es Sinn, so lange zu vergrößern, bis man die einzelnen Pixel sieht. Gerade dabei lässt sich dann schnell feststellen, wie die Bildqualität langsam nachlässt.

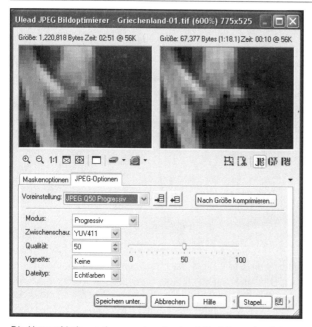

Die Unterschiede werden manchmal erst auf Pixelebene deutlich.

Stellen Sie unter *Voreinstellung* nacheinander die drei folgenden Voreinstellungen ein:

- JPEG Q90 Progressiv
- JPEG Q75 Progressiv
- JPEG Q50 Progressiv

9. Webdesign mit PhotoImpact

Beobachten Sie dabei die Veränderungen in der Vorschau. Prüfen Sie auch immer die Größeninformationen oberhalb der Bildausschnitte. Wenn Sie zufrieden sind mit Ihrer Komprimierung, dann prüfen Sie das Endergebnis, indem Sie auf das kleine Symbol für die Browservorschau (unter den Bildern) klicken. Dann wird das Bild in Ihrem Internetbrowser geöffnet (mit einigen Informationen darunter), so dass Sie prüfen können, ob die Komprimierung brauchbar ist.

Das Beispielbild, das hier für den ersten Test gewählt wurde, ist natürlich nicht für das Internet brauchbar. Das liegt noch nicht einmal an der Komprimierung, sondern daran, dass es zu groß ist. Auf keinem Bildschirm könnte es ganz dargestellt werden. Man müsste also die Ausgabe auf eine bestimmte Größe beschränken, und das wäre eine nicht unerhebliche Ressourcenverschwendung. Immerhin sind noch 179.142 Byte zu laden. Wenn das Bild vor der Komprimierung verkleinert worden wäre (etwa auf ein Viertel seiner ursprünglichen Größe), wäre das komprimierte Bild in der Qualität nicht schlechter. Außerdem würde es erheblich weniger Platz in Anspruch nehmen und damit auch schneller geladen werden.

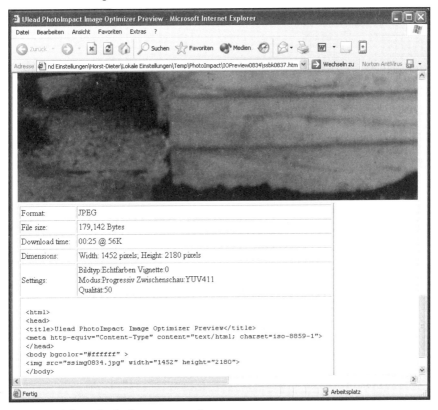

Das lässt sich kaum für das Internet verwenden ...

Die richtige Reihenfolge wäre also: Bild verkleinern und anschließend komprimieren. Damit Sie nicht lange nachschlagen müssen, hier noch einmal die Schritt-für-Schritt-Folge für das Verkleinern des Bildes:

1. Wählen Sie *Format > Bildgröße*.
2. Geben Sie in der Optionsgruppe *Neues Bild* bei *Benutzerdefiniert* für *Breite* und *Höhe* jeweils 25 ein (es sollte als Maß *Prozent* ausgewählt sein!).
3. Bestätigen Sie mit *OK*.
4. Wollen Sie das verkleinerte Bild öfter verwenden, so speichern Sie es (nicht im JPG-Format!) vor der weiteren Verwendung ab.

Wenn Sie jetzt die Komprimierung (in das JPG-Format) vornehmen, erhalten Sie ein internettaugliches Ergebnis.

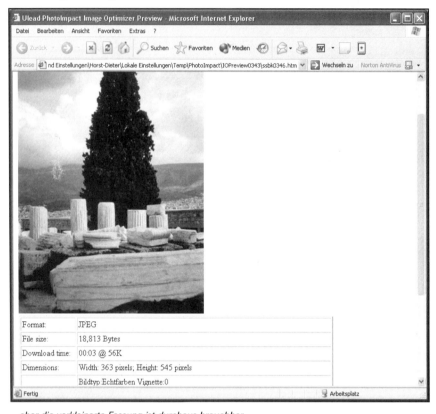

... aber die verkleinerte Fassung ist durchaus brauchbar.

Tipp

Wenn Sie von vornherein eine bestimmte Größe im Auge haben, können Sie diese über den Schalter *Nach Größe komprimieren* ... auch direkt eingeben. Probieren Sie ruhig ein bisschen damit herum – solange Sie nichts gespeichert haben, kann auch nichts kaputt gehen.

Feintuning per Hand

Sie müssen natürlich nicht mit den vorgegebenen fünf Voreinstellungen arbeiten. Im unteren Bereich des *Ulead JPEG Bildoptimierers* finden Sie Einstellmöglichkeiten unter anderem für Modus, Qualität und Dateityp und können sogar über einen Schieberegler Prozentpunkt für Prozentpunkt die Qualitätsveränderungen bei der Komprimierung prüfen.

Eine kleine Schaltfläche ist noch interessant: Links neben der Schaltfläche für die Browserkontrolle finden Sie ein kleines Modem. Klicken Sie auf den Pfeil daneben, öffnet sich eine Liste mit verschiedenen Übertragungsgeschwindigkeiten.

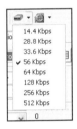

Wie schnell darf's denn sein?

Damit legen Sie nun nicht fest, wie schnell Ihr Bild ins Internet kommt, sondern Sie können mit diesen Einstellungen prüfen, wie schnell Ihr Bild von einem anderen Benutzer geladen wird. Standardmäßig ist 56kbps eingestellt. Belassen Sie es am besten bei dieser Einstellung: ISDN und DSL haben noch nicht alle Internetanwender. Allerdings surft auch kaum noch jemand mit einem Modem, das unter diesem Wert liegt.

Schauen Sie jetzt über dem Ausgangsbild nach. Dort sehen Sie einen Eintrag neben *Zeit*. In meinem Beispiel würde es bedeuten, dass das Originalbild 22:07 Minuten braucht um geladen zu werden. Das komprimierte Bild jedoch ist in 00:03 Minuten geladen. Das ist zwar ein theoretischer Wert, weil es immer auch auf die Belastung ankommt, die im Internet zur Zeit des Surfens vorherrscht – als Richtwert ist es aber durchaus zu gebrauchen.

Wollen Sie nicht das ganze Bild verwenden, so müssen Sie diesen Dialog nicht verlassen:

1. Klicken Sie rechts auf das Symbol mit der Schere.

2. Fassen Sie im Dialog *Bildoptimierer > Zuschneiden* einen der schwarzen Kontaktpunkte im Bild mit dem Mauszeiger an und ziehen ihn so, bis Sie den gewünschten Bildausschnitt erreicht haben.
3. Klicken Sie anschließend auf *Zuschneiden*.

Darf's auch etwas kleiner sein?

Bilder ins GIF-Format konvertieren

Das zweite Format für Bilder, das von den Browsern akzeptiert wird, ist das GIF-Format. Es kommt vor allem zum Einsatz

- bei gezeichneten Grafiken (z. B. Cliparts) und
- bei Grafiken (auch Fotos), bei denen Transparenz gewünscht ist.

Transparenz bedeutet nichts anderes, als dass ein Objekt ohne Hintergrund gezeigt wird. Fügen Sie solch ein Objekt als eigene Ebene in ein anderes Bild ein, so wird nur dieses Objekt gezeigt. Ein Hintergrund würde auch stören. Schauen Sie sich die folgende Abbildung an, dann verstehen Sie, was damit gemeint ist. Links wurde das Schild als normales Objekt (Ursprungsdatei *.ufo) eingefügt. Rechts wurde das Schild aus einer transparent gespeicherten GIF-Datei als Ebene über das Bild gelegt. Beim linken Bild stört der weiße Hintergrund, beim rechten Bild ist der Hintergrund transparent und stört nicht. Bilder werden durch PhotoImpact immer in rechteckiger Form gespeichert. Durch die Transparenz stört das aber nicht, wenn das Bild entsprechend eingerichtet wurde.

9. Webdesign mit PhotoImpact 179

Einmal mit und einmal ohne Transparenz

Um die folgenden Schritte nachvollziehen zu können, benötigen Sie ein Objekt, das nicht rechteckig ist. Das Schild ist entstanden, indem aus dem mitgelieferten Album *Objekte* das entsprechende Bild nach PhotoImpact übertragen und dann mit dem Lasso-Werkzeug ausgeschnitten wurde. Wie das geht, haben Sie in den vorangegangenen Kapiteln (z. B. in *Kapitel 8: Filterpraxis*) gelernt. Anschließend wurde das neue Objekt als *.ufo-Datei gespeichert.

Die folgende Schritt-für-Schritt-Anleitung zeigt Ihnen, wie daraus eine transparente GIF-Datei wird:

1. Öffnen Sie das Bild über *Datei > Öffnen* (*.ufo).
2. Klicken Sie in das Bild. Es sollte ein beweglicher Rahmen um das ausgeschnittene Objekt laufen.
3. Klicken Sie noch einmal mit der rechten Maustaste und wählen Sie aus dem Kontextmenü den Befehl *Bildoptimierer*.
4. Falls sich der *Ulead JPG Bildoptimierer* öffnet, schalten Sie durch Anklicken der entsprechenden Symbolschaltfläche in den *Ulead GIF Bildoptimierer* um.

5. Aktivieren Sie die Registerkarte *Maskenoptionen*.
6. Wählen Sie bei *Matte* aus der Liste *Keine*.
7. Schalten Sie zur Registerkarte *GIF-Optionen* um.
8. Wählen Sie bei *Farben* 256, bei *Gewicht* Gleichmäßig, bei *Palette* Detail, bei *Vignette* Keine und bei *Dateityp* Index.

9. Rechts setzen Sie das Häkchen in das Kontrollkästchen vor *Transparenz*, alle anderen Häkchen werden (falls vorhanden) entfernt.

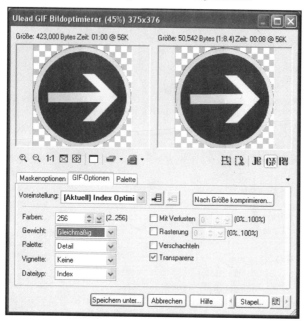

10. Klicken Sie auf den Schalter *Speichern unter* und speichern das GIF-Bild in einem Ordner Ihrer Wahl ab.

Jetzt steht Ihnen ein GIF-Objekt zur Verfügung, das als Ebene in einem anderen Bild nicht mit dem Hintergrund stört.

Tipp

Ist ein GIF-Bild noch immer zu groß, so reduzieren Sie die Farbanzahl. Ist es nicht sehr farbintensiv, so sieht es auch mit 64 Farben noch gut aus. Das Schild im Beispiel sieht auch mit 16 Farben noch ganz brauchbar aus. Erst bei der Reduzierung auf weniger als 8 Farben wird es unbrauchbar.

Webkomponenten selbst erstellen

Gute Webseiten glänzen oft durch eigenwillige Komponenten wie Schaltflächen, Banner oder interessant gestaltete Trennlinien. Manchmal steckt ein Webeditor dahinter, der solche Komponenten bereits fertig mitbringt. Die Gestaltungsaufgabe beschränkt sich dann auf die Auswahl aus einem Katalog. Solche Komponenten lassen sich aber mit einem Grafikprogramm auch selbst erstellen.

9. Webdesign mit PhotoImpact 181

Komponenten selbst entwickeln

PhotoImpact bietet zusätzlich einen Mittelweg: Mithilfe des Komponentendesigners können Sie – ebenfalls aus vorbereiteten Katalogen – eigene Komponenten erstellen ohne von Grund auf die grafischen Elemente erarbeiten zu müssen. Am Beispiel einer Schaltfläche erfahren Sie, wie es geht:

1. Wählen Sie aus dem Menü *Web* den *Komponentendesigner*.
2. In der Liste auf der linken Seite klicken Sie auf das Pluszeichen vor *Schaltfläche*.
3. Wählen Sie die *Ellipse* aus (selbstverständlich können Sie für alle weiteren Schritte auch mit einer anderen Vorlage arbeiten).

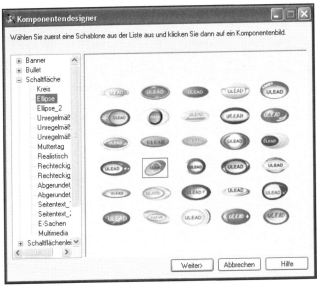

4. Klicken Sie auf *Weiter*.
5. Wählen Sie unter *Schaltfläche* den Eintrag *Titel* aus und geben bei *Text* eine Bezeichnung für die Schaltfläche ein (z. B. *Home*).

Tipp

Klicken Sie einmal das Kontrollkästchen vor *Unterstreichen* an. Bei vielen Schaltflächen wird eine Vergrößerung erzeugt, weil die Schaltfläche an die Schrift angepasst wird. Allerdings muss dazu auch das Kontrollkästchen *Formänderung bei Textänderung* aktiviert sein.

6. Passen Sie ggf. auch die Schriftart an. Über die Registerkarte *Farbe* können Sie auch eine andere Farbe für die Schrift wählen.
7. Klicken Sie auf *Paneel*, wenn Sie die Farbe der Schaltfläche verändern wollen.

8. Klicken Sie auf *Kreis*, wenn Sie die Farbe des Kreiselements ändern wollen.
9. Abschließend klicken Sie auf *Schaltfläche*.
10. Auf der Registerkarte *Größe* können Sie die Gesamtgröße des Schaltelements verändern. Am einfachsten machen Sie das über den Schieberegler.
11. Auf der Registerkarte *Schatten* können Sie dem Element noch einen Schatteneffekt hinzufügen.
12. Wohin diese Schaltfläche führen soll, legen Sie auf der Registerkarte *Hyperlink* fest. Allerdings müssen Sie das hier nur festlegen, wenn Sie Ihre Webseite mit PhotoImpact komplett erstellen. Nutzen Sie einen anderen Webeditor (oder ein anderes Webdesignprogramm), so legen Sie die Verknüpfung dort fest.
13. Über *Exportieren* speichern Sie die fertige Schaltfläche ab. Wählen Sie den *Bildoptimierer*, wenn Sie die Komponente in PhotoImpact weiter verwenden wollen. Vergessen Sie aber nicht, *Transparenz* festzulegen, wenn Sie auf Ihrer Webseite keinen störenden Hintergrund haben wollen.

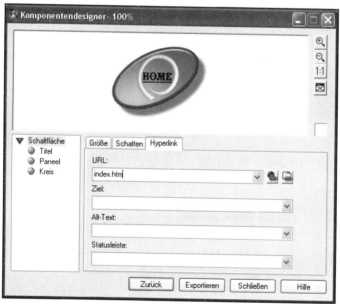

Eine fertige Schaltflächenkomponente wird als GIF-Datei abgespeichert.

Tipp

Wenn Sie nicht jede einzelne Schaltfläche individuell erstellen wollen, dann wählen Sie im Komponentendesigner einen Katalog aus der Liste *Schaltflächenleiste* aus.

9. Webdesign mit PhotoImpact   183

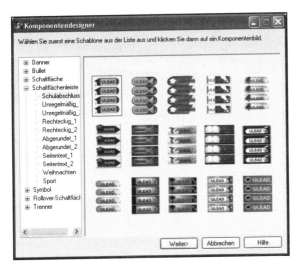

Im Dutzend geht's schneller.

Mit dem Schaltflächendesigner arbeiten

Haben Sie ein fertiges Bildobjekt, so können Sie mit einem speziellen Schaltflächendesigner daraus in Windeseile eine Schaltfläche machen. Sie erreichen damit noch mehr Individualität als mit dem Komponentendesigner. Nehmen wir das Schild, das einige Absätze zuvor schon als Beispiel für transparente GIF-Dateien herhalten musste und machen daraus eine Schaltfläche:

1. Zunächst muss das Bild (oder Objekt) geöffnet sein, sonst erreichen Sie den *Schaltflächendesigner* im Menü *Web* nicht (es gäbe für ihn ja auch nichts zu tun!).
2. Wählen Sie dann *Web > Schaltflächendesigner > Rechteckig*.
3. Sie können nun den *Stil* und verschiedene andere Eigenschaften durch Auswahl aus einigen Vorgaben anpassen. In einer Vorschau können Sie beobachten, welche Auswirkungen Ihre Einstellungen haben.
4. Sind Sie mit Ihren Anpassungen fertig, klicken Sie auf *Anfügen*.

5. Mit einem Klick auf *OK* speichern Sie die neue Schaltfläche ab. Sie finden diese Schaltfläche anschließend in der *Trickkiste* unter *Meine Galerie - Benutzerdefinierte Gruppe 1* wieder und können das Schaltflächenelement beliebig in Ihren Webseiten platzieren. Sie können sich auf diese Weise Ihren eigenen Komponentenkatalog (zumindest für die Schaltflächen) aufbauen.

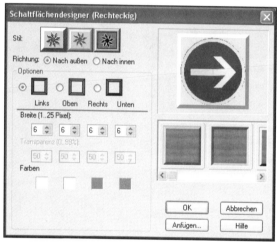

Mit dem Schaltflächendesigner schaffen Sie Ihren eigenen Komponentenkatalog.

Ein Design für den Hintergrund

Für sachliche Informationen bietet sich im Internet ein einfarbiger Hintergrund (die Farbe muss dabei nicht immer Weiß sein!) an. In vielen anderen Fällen gibt die Seite aber mehr her, wenn für den Hintergrund ein grafisches Design festgelegt wird. Es gibt dafür zahlreiche fertige Texturen – Sie können mit dem Hintergrund-Designer aber auch selbst passende Texturen für Ihre Webseite erstellen:

1. Wählen Sie *Web > Hintergrund-Designer*.
2. Passen Sie zunächst die einzelnen Kacheln an. Vorgegeben ist eine *Zellengröße* von 80 x 80. Verändern Sie diese Größe nach Ihren Vorstellungen. Später werden die Kacheln für die Webseite so zusammengesetzt, dass immer ein kompletter Hintergrund für das Fenster entsteht.
3. Wählen Sie anschließend aus der Liste *Schema* eine passende Textur aus.
4. Sie können diese Textur über verschiedene Muster weiter anpassen. Klicken Sie am besten zum Ausprobieren verschiedene Strukturen an. In der Vorschau sehen Sie die Veränderungen an Ihrer Kachel sofort.
5. Eine weitere Anpassung findet durch Auswahl eines *Hintergrundtyps* statt.

9. Webdesign mit PhotoImpact 185

6. Wollen Sie auch die Farbe verändern, klicken Sie auf *Bearbeiten* und wählen ein anderes *Palettenspektrum* aus. Finden Sie nichts Passendes, so wählen Sie das Spektrum, das Ihren Vorstellungen am nächsten kommt und passen die *Farbtonverschiebung* und/oder den *Ring* weiter an.

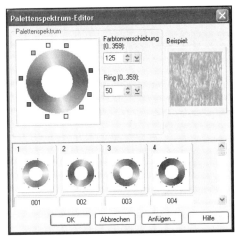

7. *Frequenz, Dichte, Amplitude* und *Abdunkeln oder aufhellen* passen Sie am besten mit dem Schieberegler an, den Sie erreichen, wenn Sie auf die kleine zweite Schaltfläche jeweils neben der Zahl klicken. Sie sehen so fast stufenlos die Veränderungen, die durch die Anpassungen bewirkt werden. Probieren Sie etwas herum, und Sie bekommen schnell Ihre individuelle Hintergrundkachel.

8. Klicken Sie auf *Anfügen* und ...

9. ... geben Sie der Kachel einen Namen.
10. Bestätigen Sie mit *OK*.

Sie finden auch diese eigene Kreation in der Trickkiste unter *Meine Galerie* in der Gruppe *Benutzerdefinierte Gruppe 1* wieder.

> **Tipp**
>
> Haben Sie vor, viele Komponenten selbst zu erstellen, so definieren Sie dazu aussagekräftige Gruppen je Komponententyp. Dazu klicken Sie in der Trickkiste *Meine Galerie* mit der rechten Maustaste an und wählen aus dem Kontextmenü *Neue Gruppe*. Geben Sie einen Namen für die Gruppe ein (z. B. *Hintergründe*) und klicken Sie auf *OK*. Sie finden dann unter *Meine Galerie* diese neue Gruppe vor. Die bereits fertig erstellte Texturkachel können Sie mit der Maus in diese neue Gruppe ziehen.

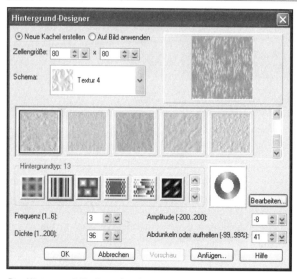

Der Hintergrund-Designer ist ein weiteres hilfreiches Werkzeug zur Erstellung von Webkomponenten.

Ein Webalbum erstellen

Sie möchten Ihre Bilder im Internet präsentieren? Es ist Ihnen aber zu aufwendig, die entsprechenden Seiten mit der Seitenbeschreibungssprache HTML zu programmieren? Dann sind Sie bei PhotoImpact genau richtig. Es gibt zwei Wege, die schnell zu einem Webfotoalbum führen. Den komfortabelsten lernen Sie zuerst: Dazu benötigen Sie wieder das Programm PhotoImpact Album, das Sie in *Kapitel 3: Fotoalbum* bereits kennen gelernt haben.

Webalbum mit PhotoImpact Album erstellen

Die folgende Schritt-für-Schritt-Anleitung zeigt Ihnen, wie Sie mit PhotoImpact Album ein Webalbum erstellen.

9. Webdesign mit PhotoImpact

Hinweis

Haben Sie nur die Trial-Version, müssen Sie diese Anleitung allerdings überspringen, da PhotoImpact Album nicht mit der Testversion ausgeliefert wird. Mit PhotoImpact erzielen Sie aber nahezu dasselbe Ergebnis. Schauen Sie sich dazu den nächsten Kapitelabschnitt an.

1. Öffnen Sie in PhotoImpact Album ein vorhandenes Album. Haben Sie selbst noch keines angelegt, nehmen Sie eines der mitgelieferten Alben.
2. Markieren Sie die Bilder, die Sie im Webalbum veröffentlichen wollen.
3. Klicken Sie auf die Schaltfläche *Webalbum exportieren* in der Werkzeugpalette am rechten Rand.

4. Legen Sie zuerst den *Ausgabeordner* fest. Achten Sie darauf, dass die Option *Als Webseiten speichern* aktiviert ist.
5. Klicken Sie auf das Register *Seiteneinrichtung*.
6. Geben Sie einen *Seitentitel* an und legen ggf. auch eine *Kopfzeile* und/oder *Fußzeile* fest.
7. Bestimmen Sie die *Verknüpfungen zwischen Seiten*. Für dieses Beispiel wurde die zweite Variante (*Anfang | Vorh | Weiter | Ende*) gewählt.

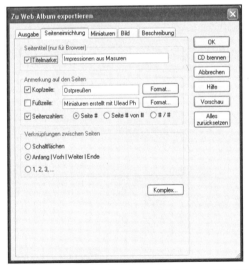

8. Klicken Sie auf das Register *Miniaturen*. Die Miniaturen geben eine kleine Vorschau auf alle Bilder.
9. Legen Sie die Position der Miniaturen (links, rechts, oben oder unten) fest.
10. Geben Sie für den *Hintergrund* eine *Textur* an (das ist meist besser als einfach keinen oder einen weißen Hintergrund zu wählen).

11. Auf der Registerkarte *Bild* können Sie die Bildanzeige anpassen. Begrenzen Sie auf jeden Fall die *Bildansichtsgröße*.

Hinweis

Am besten optimieren Sie die Bilder, die Sie im Webalbum zeigen wollen, wie es zu Beginn dieses Kapitels bereits beschrieben wurde. Die Anpassungsmöglichkeiten in diesem Dialog sind doch recht grob.

12. Auf der Registerkarte *Beschreibung* können Sie festlegen, was zum Bild noch an Informationen angezeigt wird. Als Faustregel sollte hier gelten: Weniger ist mehr.
13. Klicken Sie auf *OK*, um das Webalbum zu erstellen. Gegebenenfalls müssen Sie noch bestätigen, dass der gewünschte Ordner angelegt oder, wenn Sie einen wiederholten Versuch machen, der gleichnamige Ordner überschrieben wird.

Tipp

Arbeiten Sie mit der Schaltfläche *Vorschau*, bevor Sie Ihr Album endgültig speichern. Sie können so Korrekturen schneller vornehmen und müssen nicht immer arbeitsaufwändig von vorne beginnen.

Das Webalbum ist anschließend fertig, so dass Sie es ohne weitere Anpassungen ins Internet stellen können. Wie das zu geschehen hat, kann hier nicht erklärt werden, da es auch abhängig von Ihrem Provider ist. Sie benutzen dazu in der Regel ein so genanntes FTP-Programm.

Das fertige Webalbum in der Vorschau

9. Webdesign mit PhotoImpact

189

Ein Webalbum mit PhotoImpact erstellen

Sie müssen PhotoImpact nicht verlassen um ein Webalbum (oder eine Webdiashow) zu erstellen. Gehen Sie folgendermaßen vor:

1. Wählen Sie *Datei > Exportieren > Web-Album*.
2. Im nächsten Dialog legen Sie fest, welche Bilder in das Album aufgenommen werden sollen. Dazu bestimmen Sie den Ordner. Über die kleine Schaltfläche mit den drei Punkten können Sie ein weiteres Dialogfenster aufrufen, das die Auswahl des Ordners erleichtert.

3. Klicken Sie auf *OK*.
4. Der Dialog *Zu Web-Album exportieren* ist identisch mit dem Dialog, den Sie bereits aus dem PhotoImpact Album kennen. Nehmen Sie die Einstellungen auf den Registerkarten vor.
5. Sind alle Einstellungen zu Ihrer Zufriedenheit eingegeben, klicken Sie auf *OK* um das Webalbum zu speichern und anschließend zu starten.

Sie werden feststellen, dass die Auswahl der Bilder im PhotoImpact Album bequemer und komfortabler gelöst ist.

Ein Webalbum, mit PhotoImpact erstellt

Schauen Sie einmal in das Verzeichnis, in dem Sie das Webalbum gespeichert haben. Sie finden dort verschiedene Unterordner und eine Reihe von HTML-Dateien. Im Ordner *Images* finden Sie Ihre Bilder wieder – nun in das JPG-Format konvertiert – und im Ordner *Thumbs* die kleinen Miniaturbildchen.

Öffnen Sie eine der HTML-Dateien, so sehen Sie, dass PhotoImpact Ihnen die komplette Arbeit der Web-Programmierung abgenommen hat.

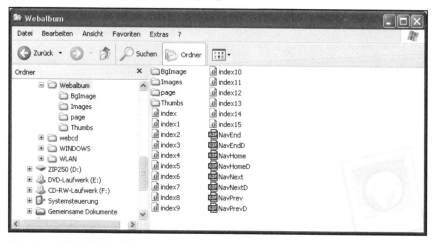

PhotoImpact legt alle Dateien an ...

So ist PhotoImpact für Sie ein komfortabler Webseiten-Generator. Sie können nun auch noch persönlich Hand anlegen und die Seiten weiter bearbeiten. Ein Großteil der Arbeit ist aber schon gemacht. Etwas komplizierter wird es, wenn Sie das Webalbum in einen bestehenden Webauftritt integrieren wollen. Aber auch dann macht die Erstellung eines kompletten Albums durch PhotoImpact Sinn. Bearbeiten Sie das Ergebnis folgendermaßen:

- Benennen Sie die Seite *index.html* um, z. B. in *webalbum.html*.
- Wenn Sie keine anderen Seiten mit *index1.html, index2.html* etc. in Ihrer Seitenstruktur haben, können Sie die anderen Seiten belassen wie sie sind. Ansonsten müssen Sie auch diese umbenennen und die Verweise auf der ersten Seite (*index.html*, jetzt *webalbum.html*) entsprechend anpassen.
- Binden Sie Ihre erste Seite über einen Hyperlink in Ihren Webauftritt ein.

9. Webdesign mit PhotoImpact

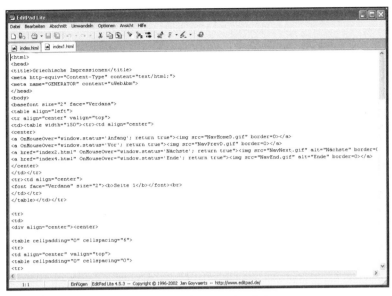

... und erledigt sogar einen großen Teil der Programmierarbeit.

Tipp

Wählen Sie übrigens statt *Web-Album* die *Web-Diashow*, gestaltet PhotoImpact Ihnen eine Slideshow, die nach und nach alle Bilder zeigt, die Sie ausgewählt haben.

10. Präsentation

Das Vorzeigen von Fotos kann mit PhotoImpact auf unterschiedliche Weise realisiert werden. Davon handelt dieses Kapitel einerseits. Aber auch einzelne Bilder lassen sich mit PhotoImpact so aufbereiten, dass sie "präsentationsfähig" werden. Das ist der zweite Teil dieses Projekts.

Wie Sie eine Diaschau vorbereiten und durchführen, haben Sie bereits in *Kapitel 3: Fotoalbum* erfahren, und wie Sie ein Webalbum erstellen, wurde in *Kapitel 9: Webdesign mit PhotoImpact* behandelt. Diese Projekte werden wir deshalb in diesem Kapitel nicht mehr ausführlich, sondern nur am Rande (der Vollständigkeit halber) ansprechen. In den vorangegangenen Kapiteln sind aber einige Möglichkeiten, die PhotoImpact bietet, unerwähnt geblieben – über sie erfahren Sie in diesem Projekt mehr.

Mit dem Album präsentieren

Erste Wahl für eine ansprechende Bildpräsentation ist wieder das PhotoImpact Album. Es ist schon deshalb sehr gut dafür geeignet, weil Sie bei der Vorbereitung alle Bilder gut in der Übersicht haben und so gezielt auswählen können.

> **Tipp**
>
> Sie können aber beide Programme kombinieren, wenn Sie Folgendes unternehmen: Wählen Sie in PhotoImpact 8 *Fenster > Mit Album auslegen*. Das Untermenü zeigt vier Anordnungen, aus denen Sie eine auswählen können. Das aufgeschlagene Buch symbolisiert übrigens das PhotoImpact Album. Sie haben anschließend das Album an einem der Ränder zur Verfügung und können die Bilder durchsehen und auswählen.

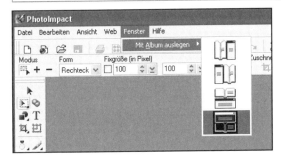

PhotoImpact und PhotoImpact Album lassen sich gut kombinieren.

Ein Webalbum exportieren

Über die Schaltfläche *Webalbum exportieren* erzeugen Sie, wie in *Kapitel 9: Webdesign mit PhotoImpact* bereits ausführlich beschrieben, ein Album mit HTML-Code, das Sie im Internet oder Intranet präsentieren können.

Ein Webalbum exportieren

Es gibt aber zwei Optionen, die im vorangegangenen Kapitel unerwähnt geblieben sind:

- Sie können eine selbstausführende EXE-Datei erzeugen und
- Sie können das Webalbum auf CD brennen.

Eine selbstausführende Datei erzeugen

Eine selbstausführende Datei wird ausgeführt, sobald man sie aufgerufen hat (durch Doppelklick im Explorer oder über *Start > Ausführen*). Um dies zu erreichen, gehen Sie folgendermaßen vor:

1. Markieren Sie die Bilder, die Sie für die Präsentation benötigen.
2. Starten Sie durch Anklicken des Schalters *Webalbum exportieren* die Erzeugung der Präsentation.
3. Aktivieren Sie auf der Registerkarte *Ausgabe* die Option *Seiten in selbstausführender EXE-Datei speichern*.

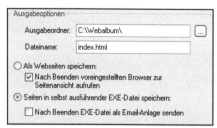

4. Wollen Sie diese selbstausführende Bildpräsentation (EXE-Datei) per E-Mail versenden, klicken Sie zusätzlich in das Kontrollkästchen vor *Nach Beenden EXE-Datei als E-Mail-Anlage senden*.
5. Nehmen Sie auf den anderen Registerkarten die nötigen Einstellungen vor (wie im Webdesign-Projekt bereits beschrieben).
6. Klicken Sie auf *Vorschau*, um die Präsentation zu prüfen. (Den Schalter *Vorschau* erreichen Sie immer ganz rechts, ganz gleich, auf welcher Registerkarte Sie sich gerade befinden).
7. Sind Sie mit dem Ergebnis zufrieden, so klicken Sie abschließend auf *OK*.

Eine selbstausführende Präsentation auf CD brennen

Sie können diese soeben erzeugte, sich selbst ausführende Präsentation auch auf CD brennen. Dazu müssen Sie nicht erst umständlich Ihr Brennprogramm aufrufen. Gehen Sie im Anschluss an die zuvor beschriebene Anleitung folgendermaßen vor:

1. Legen Sie eine leere (oder noch nicht geschlossene) CD-ROM in Ihr Brennerlaufwerk ein.
2. Geben Sie bei *Optionen zum CD-Brennen* die benötigten Informationen ein.

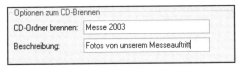

3. Klicken Sie auf die Schaltfläche *CD brennen*.
4. Im folgenden Dialog *Web-Album CD brennen* sind wesentliche Einstellungen schon vorgenommen. Prüfen Sie als Erstes, ob ein passender Datenträger eingelegt wurde. Die Information dazu finden Sie im unteren Teil des Dialogfensters.
5. Korrigieren Sie dann ggf. die Einstellungen unter *CD-Einstellungen*. Benennen Sie die Vorgabe bei *Datenträgerbezeichnung* um, wenn Ihnen die Standardvorgabe nicht gefällt.
6. Wählen Sie einen anderen *Arbeitsordner*, wenn Sie hier Veränderungen vorgenommen haben, die das Programm nicht erkannt hat.
7. Soll die CD einen Autostart vornehmen, so aktivieren Sie das Kontrollkästchen vor *Beim Einlegen selbsttätig ausführende CD erstellen*.

8. Prüfen Sie dann, ob die *Laufwerkseinstellungen* korrekt sind. In der Regel wird das richtige Laufwerk erkannt.
9. Haben Sie eine CD-RW eingelegt, können Sie diese über den Schalter *CD löschen* vor dem Brennen "säubern".
10. Die *Aufnahmegeschwindigkeit* steht standardmäßig auf *Max*. Der Buffer-Underrun-Schutz ist ebenfalls standardmäßig aktiviert. Funktioniert bei Ihnen das Brennen in der Regel ohne Probleme, können Sie diese Einstellungen auch belassen.
11. Sind alle Einstellungen überprüft und/oder korrigiert, klicken Sie auf *Jetzt brennen* um den Brennvorgang zu starten.

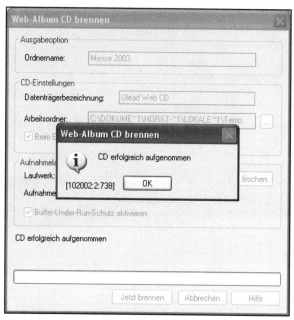

Zum CD-Brennen benötigen Sie kein weiteres Programm, wenn Sie PhotoImpact 8 haben.

Legen Sie später solch eine CD-ROM in das Laufwerk, begrüßt Sie nach ein paar Sekunden ein Dialog mit einem Hinweis auf die auf CD gebrannten Webalben. Sie können nun aus der Liste das gewünschte Album (oder die gewünschte Präsentation) auswählen und starten.

10. Präsentation

Eine gebrannte Präsentation bietet sich nach dem Einlegen der CD-ROM zum Laden und Starten an.

Selbstausführend heißt übrigens nicht, dass alles von alleine abläuft. So müssen Sie sich weiterhin per Mausklick von Bild zu Bild und von Seite zu Seite bewegen. Bevor Sie jetzt enttäuscht abwinken, schauen Sie sich den nächsten Abschnitt in diesem Kapitel an.

Eine Webdiaschau exportieren

Um eine selbstausführende Webdiaschau zu erstellen, klicken Sie auf die Schaltfläche *Web-Diaschau exportieren* in der Werkzeugleiste.

Eine Webdiaschau exportieren

Sie finden einen ähnlichen Dialog vor wie beim Webfotoalbum. Auch die Handhabung ist ähnlich. Für alle Fälle hier aber noch einmal eine Kurzanleitung:

1. Markieren Sie die Bilder, die in die Diaschau aufgenommen werden sollen.
2. Klicken Sie auf die Schaltfläche *Web-Diaschau exportieren*.
3. Aktivieren Sie wieder die Option *Seiten in selbstausführender EXE-Datei speichern* (und bei Bedarf die Versendung als E-Mail-Anlage).
4. Legen Sie einen *Ausgabeordner* fest. (Den *Dateinamen* können Sie belassen, es sei denn, Sie erzeugen verschiedene Schau-Dateien.)

5. Nehmen Sie die nötigen Einstellungen auf der Registerkarte *Seiteneinrichtung* vor (siehe *Kapitel 9: Webdesign mit PhotoImpact*).
6. Wählen Sie auf der Registerkarte *Slide* unter *Zeiteinstellungen* die *Dauer*, für die ein Bild angezeigt werden soll. Die Verzögerungszeit wird in Sekunden angegeben.
7. Prüfen Sie über *Vorschau* das Ergebnis Ihrer Einstellungen und ...
8. ... speichern Sie das Endergebnis über einen Klick auf *OK* ab.

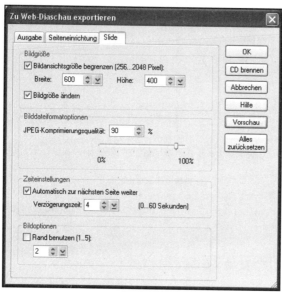

Eine Diaschau mit Eigendynamik ist schnell erstellt.

> **Hinweis**
>
> Auch diese Diaschau kann auf CD gebrannt werden. Der Vorgang ist identisch zu dem, der im vorangegangenen Abschnitt beschrieben wurde und wird deshalb an dieser Stelle nicht wiederholt.

Eine Diaschau zeigen

Um auf (oder mit) Ihrem Computer eine Diaschau zu präsentieren, klicken Sie auf die Schaltfläche *Diaschau* in der Werkzeugleiste.

Diaschau zeigen

10. Präsentation 199

Das Vorgehen in einzelnen Schritten wurde in *Kapitel 3: Fotoalbum* bereits ausführlich erläutert und wird hier nicht wiederholt. Ein paar ergänzende Anmerkungen sollen an dieser Stelle aber nicht fehlen.

Wenn Sie keine automatisch ablaufende Diaschau wollen, sondern das Ganze manuell steuern möchten, um zu jedem Bild individuell viel (oder wenig) zu sagen, so

- aktivieren Sie die Option *Manuell mit Tastatur oder Maus arbeiten* und ...
- ... zusätzlich das Kontrollkästchen vor *Steuerfeld zeigen*.

Wenn Sie dann auf *Wiedergabe* klicken, bekommen Sie zunächst eine Information über die Steuermöglichkeiten per Tastatur.

So steuern Sie die Diaschau mit der Tastatur.

Während die Diaschau läuft, haben Sie zusätzlich am Rande des Bildes (meist unten) eine kleine Schaltleiste, mit der Sie durch die Bilder wandern können. Die letzten beiden Schalter blättern die Bilder vor und zurück. Die ersten beiden Schalter erlauben den Sprung zum ersten oder letzten Bild.

Das Steuerfeld für die Diaschau

> **Hinweis**
>
> Wenn Sie auf das Steuerfeld lieber verzichten wollen um die Bilder ganz und ohne Störung zeigen zu können, lassen Sie die Markierung bei *Steuerfeld zeigen* einfach weg.

Mit der (Esc)-Taste beenden Sie übrigens die Diaschau.

Ein Album auf CD brennen

Die Brennfunktion, die Sie bereits kennen gelernt haben, berechtigt zu der Annahme, dass sich damit mehr auf CD brennen lässt als nur ein vorbereitetes Webalbum oder eine selbst ablaufende Präsentation. Diese Annahme ist richtig. Sie können damit auch gleich Ihre Alben auf CD brennen. Da Bilder viel Platz auf der Festplatte in Anspruch nehmen, macht es Sinn, vollständige Alben irgendwann auf CD zu brennen. Zusätzlich haben Sie damit auch eine brauchbare Datensicherung.

Album brennen

1. Nach dem Anklicken des Schalters *Album brennen* öffnet sich der Dialog *Album auf CD packen*.
2. Prüfen Sie, ob eine CD-R (oder CD-RW) im Brennerlaufwerk liegt, und nehmen Sie die nötigen Einstellungen vor (siehe dazu weiter oben in diesem Kapitel die genaue Beschreibung).
3. Klicken Sie auf die Schaltfläche *Jetzt brennen*.

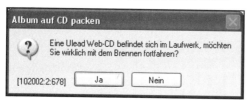

4. Benutzen Sie eine CD, die bereits Daten enthält, welche mit dem Ulead-Brenner gespeichert wurden, so folgt ein Warnhinweis, den Sie aber wegklicken können, wenn Sie diese CD weiter füllen wollen.

Anschließend brennt PhotoImpact das Album auf die CD.

Hinweis

Beachten Sie, dass dieses Album nicht automatisch gestartet oder nach dem Einlegen in einem Dialog zum Öffnen angeboten wird. Sie können aber über den Explorer oder direkt über PhotoImpact (PhotoImpact Album) auf diese Bilder zugreifen.

Das Album wird auf die CD gebrannt.

Hier wird übrigens auch deutlich, welch universelles Programm PhotoImpact ist. Sie haben nicht nur eine Anwendung zur professionellen Bildbearbeitung, zum Ausdruck Ihrer Fotos und zur Aufbewahrung und Speicherung der digitalen Bilder (einschließlich der Datensicherung durch Brennen auf CD-ROM), sondern gleichzeitig ein Präsentationsprogramm, das sehr flexibel gehandhabt werden kann:

- Sie können über die Registerkarte *Text & Farbe* (bei Diaschau) unterschiedliche Informationen zu den Bildern mit ausgeben lassen und ...
- ... Sie können über die Registerkarte *Musik* zusätzlich Medien abspielen ...

... und so durchaus eine öffentliche Veranstaltung damit bestreiten, wenn Ihnen die nötigen Gerätschaften dafür zur Verfügung stehen. Dass alles in einem Programm zur Verfügung steht, erleichtert die Bedienung ungemein. Es muss nichts konvertiert oder die Übertragung an andere Anwendungen angepasst werden.

Bilder präsentieren

Dass Sie Bilder in einer Diaschau oder einem Album einzeln und nacheinander präsentieren können, wissen Sie nun. Wie Sie Bilder bearbeiten und verbessern, ist in anderen Kapiteln erklärt worden; *Kapitel 12: Kreatives Bilddesign* hält dazu noch einige Überraschungen parat). Wie Sie aber ein einzelnes Bild durch unterschiedliche Mittel besser hervorheben – präsentieren – können, das erfahren Sie in diesem zweiten Kapitelabschnitt anhand einiger Beispiele.

Rahmen und Schatten benutzen

Eine Möglichkeit ein Bild ansprechend zu präsentieren und hervorzuheben ist seit Jahrhunderten bekannt: der Rahmen. Wir haben diese Variante in *Kapitel 2: Bilder in den Computer bekommen* bereits angesprochen, allerdings nur kurz im Zusammenhang mit einem Assistenten. Schauen wir uns Rahmen und Schatten jetzt einmal ausführlich an.

Die Voreinstellung für beide Stilmittel ist grundsätzlich: *keine*. Rahmen und Schatten müssen immer zusätzlich eingefügt werden. Sie finden diese Option im Menü *Format > Rahmen & Schatten*. Alternativ können Sie den Dialog auch über die Tastenkombination ⇧ + F aufrufen.

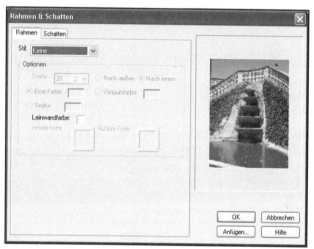

Voreingestellt sind weder Rahmen noch Schatten.

> **Hinweis**
>
> Falls Sie das Menü *Format* nicht finden, haben Sie noch kein Bild geöffnet. Es gibt eine Reihe von Funktionen in unterschiedlichen Menüs, die nur zur Verfügung stehen, wenn ein Bild geöffnet ist und zur Bearbeitung bereit steht.

Um einen Rahmen hinzuzufügen, öffnen Sie die Liste bei *Stil*. Sie können aus unterschiedlichen Rahmentypen wählen:

- 2D-Rahmen
- 3D-Rahmen
- Kantenrahmengalerie
- Zauber-Rahmen
- Klassischer Rahmen

Je nachdem welchen Rahmentyp Sie wählen, stehen Ihnen unterschiedliche Auswahltypen und Einstelloptionen zur Verfügung. Wählen Sie etwa 2D- oder 3D-Rahmen, so können Sie die *Breite* des Rahmens, *Farbe*, *Verlaufsfarbe*, *Textur*, *Leinwandfarbe* sowie *Innere* und *äußere Form* einstellen. Darüber hinaus stehen zahlreiche unterschiedliche Formen zur Verfügung.

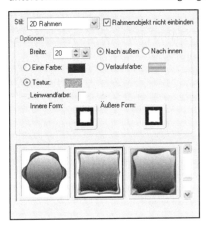

Einstellmöglichkeiten bei 2D-Rahmen

Suchen Sie immer zuerst den Rahmentyp aus den vorgegebenen Mustern aus und passen Sie ihn dann mit den *Optionen* an. Bei den klassischen Rahmen steht Ihnen zwar eine große Auswahl an Rahmentypen zur Verfügung, die einzelnen Rahmen können Sie aber so gut wie gar nicht mehr anpassen.

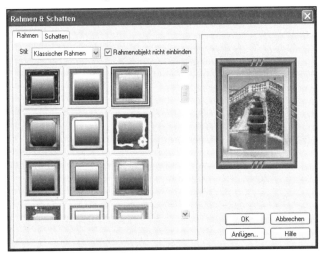

Bei klassischen Rahmen bleibt Ihnen nur die Auswahl.

Den Rahmen können Sie zusätzlich noch mit einem Schatten aufwerten (oder verderben!). Klicken Sie auf das Register *Schatten* und schauen Sie sich die Einstellmöglichkeiten an. Um überhaupt daranzukommen, müssen Sie das Kontrollkästchen vor *Schatten* anklicken. Anschließend bestimmen Sie über die sieben kleinen Schaltflächen, in welche Richtung der Schatten geworfen werden soll. Die Farbe des Schattens können Sie beeinflussen, indem Sie auf das schwarze Kästchen vor den Schattenschaltern klicken. Es öffnet sich ein Dialog, in dem die Schattenfarbe bestimmt wird. Besser als ein schwarzer Schatten wirkt oft ein grauer, und bei farbigen Rahmen können Sie durchaus auch mit farbigen Schatten experimentieren.

Tipp

Wählen Sie die Komplementärfarbe für den Schatten und nicht die gleiche Farbe, die der Rahmen hat.

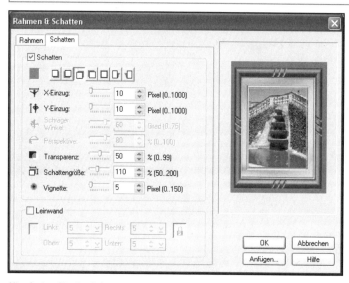

Hier finden Sie das Schatten-Kabinett.

Rand erzeugen

Sie lieben Fotos mit weißem Rand und bestellen diese auch immer so im Fotolabor? Das können Sie auch mit PhotoImpact haben. Gehen Sie folgendermaßen vor:

1. Öffnen Sie das Bild, das Sie bearbeiten möchten.
2. Wählen Sie *Format > Leinwand erweitern*.
3. Prüfen Sie, ob der Haken im Kontrollkästchen vor *Seiten gleichmäßig erweitern* vorhanden ist. Gegebenenfalls erzeugen Sie es durch Anklicken.

10. Präsentation

4. Stellen Sie den Pixelwert an einem der Ränder beispielsweise auf 10. Die anderen Ränder werden automatisch mit angepasst.
5. Klicken Sie auf *OK*, um den Rand zu erzeugen.

> **Tipp**
>
> Falls Sie keinen weißen, sondern einen farbigen Rand wünschen, dann klicken Sie in das Feld bei *Farben erweitern* und wählen die Farbe im folgenden Dialog aus.

Ein weißer Rand ist schnell erstellt.

Effekte nutzen

Sie können zur Präsentation Ihrer Bilder auch Effekte nutzen, die etwas zeigen, was gar nicht vorhanden ist. Ausführlich wird das folgende Kapitel auf dieses Thema eingehen. Einige Anmerkungen im Zusammenhang mit der Bildpräsentation sind aber jetzt schon angebracht.

Schauen Sie sich einmal das Menü *Effekt > Künstlerisch* an. Sie verwandeln z. B. ein Foto in eine Darstellung, die einem Ölgemälde ähnelt. Glücklicherweise ist diese Darstellung nicht so realistisch, dass Fälschern die Arbeit erleichtert wird, und nicht immer wird ein Bild dadurch vorteilhaft präsentiert. Durch etwas Herumprobieren finden Sie aber durchaus Formen, die praktikabel und ansprechend sind und als Illustrationen für Berichte und Dokumente dienen können.

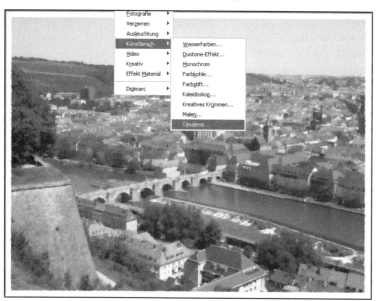

Ein Foto in Öl

Interessant ist auch das Menü *Effekt > Effekt Material*. Wählen Sie z. B. den Effekt *Kristall & Glas*. Sie erhalten einen in der Bildmitte kugelig verzerrten Eindruck, als wenn Sie durch eine Glas oder Kristallkugel schauen würden. Statt einer Kugel können Sie auch andere Effekte wählen. So macht sich z. B. das Weinglas recht gut bei einer Stadtansicht von Würzburg, das ja im fränkischen Weinland liegt und von Weinbergen umgeben ist. Für einen Reiseprospekt wäre das ein durchaus akzeptabler und pfiffiger Vorschlag.

10. Präsentation 207

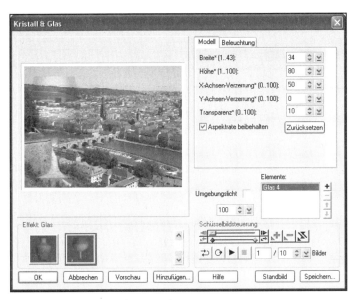

Würzburg durch ein Weinglas angeschaut

Bilder mit Text versehen

Manchmal ist es sinnvoll, zur Bildpräsentation das Bild mit einem Text zu ergänzen. Gehen Sie dazu folgendermaßen vor:

1. Öffnen Sie das Bild, das Sie bearbeiten möchten.
2. Klicken Sie auf das Textwerkzeug in der Werkzeugleiste (links).

3. Wählen Sie in der Textpalette *Schrift* und *Größe* aus.
4. Wählen Sie weitere Attribute (z. B. *Ausrichtung, Schriftfarbe,* auf einer weiteren Registerkarte *3D Effekt* etc.).

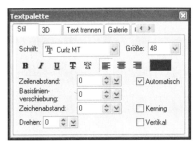

5. Klicken Sie an die Stelle des Bildes, an der Sie den Text einfügen wollen.
6. Schreiben Sie den Text.
7. Falls das Aussehen nicht Ihren Vorstellungen entspricht, markieren Sie den Text mit der Maus oder über die Tastatur (⇧)-Taste gedrückt halten und mit den Pfeiltasten markieren).
8. Sind Sie mit dem Ergebnis zufrieden, drücken Sie die (↵)-Taste.

Vergessen Sie nicht, das Bild zu speichern. Wählen Sie dazu aber einen anderen Namen, um das Original nicht zu überschreiben.

Sie haben jetzt eine Reihe von Varianten zur Präsentation von Bildern kennen gelernt. Sie werden durch das Ausprobieren verschiedener Einstellungen sicherlich weitere Präsentationsmöglichkeiten finden.

11. Fotos retten

Immer wieder kommt es vor, dass man mal ein Foto hat, auf das man nicht verzichten möchte, das aber schon stark in Mitleidenschaft gezogen wurde. In solch einem Fall bietet PhotoImpact eine große Funktionsvielfalt, die fast ausschließlich dem Bearbeiten beschädigter Bilder dient. Dabei können nicht nur Verfärbungen, Staub und Kratzer oder gar Risse beseitigt werden, sondern auch unter- oder überbelichtete Fotos korrigiert sowie der Rote-Augen-Effekt entfernt werden, der leicht bei Blitzlichtaufnahmen von Personen entsteht. Auch Hautverschönerungen sind einfach und ohne Arzt durchzuführen – natürlich nur auf dem Foto.

Unterbelichtete Fotos aufhellen

Unterbelichtete Fotos sind gerade in der Digitalfotografie nicht selten. Das liegt daran, dass die CCD-Sensoren einen wesentlich kleineren Tonwertumfang aufnehmen können als der herkömmliche Film in der analogen Fotografie. Normalerweise löscht der Digitalfotograf das Foto noch vor Ort (dem Display sei Dank), doch in manchen Situationen kann man sich nicht wirklich dazu durchringen. Beispielsweise ist das dann der Fall, wenn das Umgebungslicht so hell ist, dass eine genaue Beurteilung des Fotos schwer fällt, oder aber wenn man nur eine einzige Chance für dieses Motiv hatte. Wer mit PhotoImpact arbeitet, wird ohnehin nicht gleich jedes etwas dunkel geratene Bild von der Speicherkarte löschen, da das Programm über eine Funktion verfügt, mit der sich die Belichtung anpassen lässt. Wie Sie ein unterbelichtetes Foto wieder in Ordnung bringen, lernen Sie auf den nächsten Seiten:

1. Starten Sie PhotoImpact.
2. Öffnen Sie ein unterbelichtetes Foto.

3. Wählen Sie aus dem Menü *Effekt > Fotografie* den Filter *Beleuchtung aufbessern.*
4. Verändern Sie jetzt die Helligkeit mit dem Regler *Blitzauffüllung.* Übertreiben Sie es aber nicht.
5. Bearbeiten Sie dann die dunklen Tonwerte mit dem Regler *Schatten aufbessern.* Je mehr Sie diesen Regler nach rechts schieben, desto weiter wird der Tonwertbereich der Schwarztöne gestreckt, d. h. ab einem bestimmten Schwellenwert werden dunkle Töne entweder heller oder dunkler. Mit dem Regler verändern Sie also den Schwellenwert. Je weiter der Regler nach rechts geschoben wird, desto mehr erhöhen sich die Kontraste.
6. Bei dermaßen stark unterbelichteten Fotos wie dem hier gezeigten Beispielbild muss das Ergebnis nicht auf Anhieb überzeugen. Klicken Sie auf *OK,* wenn eine Verbesserung erkennbar ist.

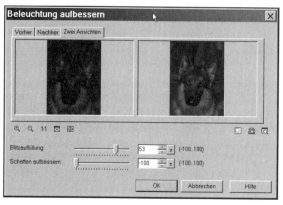

7. Zwar ist in diesem Fall schon eine Verbesserung erkennbar, zufrieden stellend ist das Ergebnis jedoch noch nicht. Rufen Sie den Filter deshalb nochmals wie oben beschrieben auf.
8. Stellen Sie Helligkeit und Kontrast nochmals mit den beiden Reglern *Blitzauffüllung* und *Schatten aufbessern* ein. Gehen Sie aber nur so weit, dass keine Bildstörungen auftreten. Bestätigen Sie dann wiederum mit *OK.*

Hinweis

Zu oft und zu stark sollten Sie diesen Filter allerdings nicht nacheinander anwenden, da sonst Störpixel als Rauschen oder Farbverfälschungen auftreten.

9. Wählen Sie dann aus dem Menü *Format* die Tonwertkorrektur über die Option *Grad ...* aus.
10. Erfahrungsgemäß leiden unterbelichtete Fotos schon von Anfang an unter einer zu kleinen Tonwertverteilung. Schieben Sie darum die beiden Reglerpfeile (unter dem Tonwertdiagramm) nur geringfügig nach innen. Auf die Funktion *Strecken* sollten Sie in diesem Fall ganz verzichten, das Ergebnis wird bei stark unterbelichteten Fotos kaum brauchbar sein. Wichtig ist auch, dass Sie die Tonwertkorrektur erst nach dem Einsatz des Filters *Beleuchtung aufbessern* einsetzen.

11. Fotos retten 211

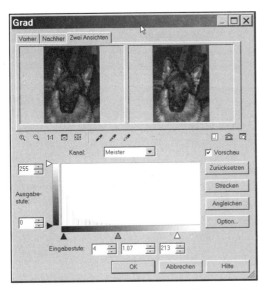

11. Regeln Sie die Helligkeit nochmals mit dem mittleren Tonwertregler nach. Klicken Sie dann auf *OK*.
12. Den letzten Schliff geben Sie dem Bild mit der Gradationskurve. Diese finden Sie ebenfalls im Menü *Format* unter *Gradationskurven* ... Wie Sie die Gradationskurve richtig anwenden, erfahren Sie in *Kapitel 4: Bilder verbessern*. Schließen Sie auch hier mit einem Klick auf *OK* ab.

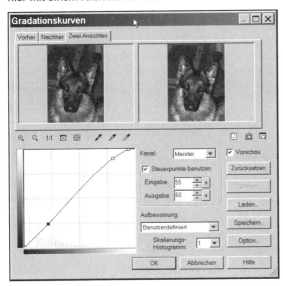

13. Nach all den Arbeitsschritten lässt es sich nicht immer vermeiden, dass Rauschen auftritt. Wenden Sie daher den Filter *Entstören* einmalig an. Diesen finden Sie im Menü *Effekt* unter *Stören*. Mehrmals sollte der Filter nicht angewandt werden, da mit ihm ein Weichzeichnungseffekt einhergeht.

Das fertig bearbeitete Bild ist recht ansehnlich, Rauschen ist kaum vorhanden.

Es ist schon erstaunlich, wie viele Bildinformationen in einem scheinbar völlig unterbelichteten Bild enthalten sind. Mit nur wenigen Arbeitsschritten und einigen Funktionen kann noch viel aus einem Bild herausgeholt werden. Zu viel sollten Sie jedoch auch nicht vom Bildbearbeitungsprogramm erwarten, da das Machbare zum Teil auch durch die Anzahl der vorhandenen Bildpunkte begrenzt wird; je mehr Pixel, desto größer der Verbesserungsspielraum.

Kratzer und Staub entfernen

Die Digitalfotografie gibt es ja noch nicht allzu lange. Entsprechend gibt es viele Fotos, die verborgen in Kartons und Fotoalben irgendwo auf dem Dachboden schlummern. Nicht selten treten bei unsachgemäßer Lagerung nicht nur Farbverfälschungen auf – die Bilder vergilben. Oder aber die Fotos verkratzen und verknittern.

Wer seine alten Papierbilder digitalisieren will, wird dies wahrscheinlich mit einem Scanner tun. Leider lässt es sich jedoch nicht immer vermeiden, dass Staub zwischen Bild und Auflagefläche des Scanners gerät. Zwar gibt es mittlerweile auch Scanner mit automatischer Staub- und Kratzerbeseitigung, doch lässt sich das auch nachträglich mit PhotoImpact machen.

11. Fotos retten

Kratzer wegretuschieren

Verknitterte oder zerkratzte Fotos müssen nicht gleich weggeschmissen werden. Wer einen Scanner hat, kann sie einscannen und anschließend mit PhotoImpact bearbeiten. Am besten sind hierzu die Klon-Werkzeuge geeignet. Wie Sie diese richtig einsetzen, erfahren Sie in der nachfolgenden Schritt-für-Schritt-Anleitung:

1. Starten Sie PhotoImpact.
2. Scannen Sie das beschädigte Bild ein und speichern es auf der Festplatte.
3. Öffnen Sie das Bild.

4. Rufen Sie die *Klon-Werkzeugleiste* auf. Klicken Sie dazu in einen freien Bereich unterhalb der Menüleiste. Im Kontextmenü wählen Sie dann einfach die *Klon-Werkzeugleiste* aus.
5. Wählen Sie aus der *Klon-Werkzeugleiste* den *Klonen-Pinsel* aus.
6. Die Kratzer können Sie entfernen, indem Sie einfach eine unbeschädigte Stelle im Bild über den Kratzer kopieren. Dazu müssen Sie jedoch zuerst die Vorlagestelle definieren. Fahren Sie dazu mit dem Mauszeiger im Bild an eine Vorlagestelle. Halten Sie die ⇧-Taste gedrückt und klicken mit der linken Maustaste an dieser Stelle ins Bild. Die definierte Vorlagestelle ist nun mit einem blinkenden Fadenkreuz gekennzeichnet.
7. Die Größe des *Klonen-Pinsels* können Sie mit dem Regler unter *Form* einstellen. Diesen finden Sie ganz links in der *Attributleiste*.

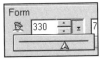

8. Klicken Sie nun mit dem *Klonen-Pinsel* auf den Kratzer. Sie werden sehen, dass die Vorlagestelle dorthin kopiert wurde. Beginnen Sie mit den großen einfachen Flächen.

9. An schwierigen Stellen, z. B. bei Haaren oder sehr detailreichen Objekten, sollten Sie einen sehr kleinen Pinsel auswählen und möglichst oft die Vorlagestellen wechseln.
10. Sinnvoll ist es für kleine Kratzer die Lupenfunktion zu nutzen. Zoomen Sie so weit ins Bild hinein, bis Sie den Kratzer gut erkennen können. Das *Zoom-Werkzeug* finden Sie in der *Werkzeugleiste*. Sie können es auch mit der Taste (Z) aufrufen. Allerdings müssen Sie diese Taste gedrückt halten, während Sie zoomen.

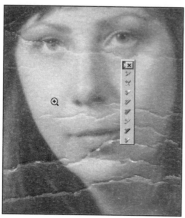

11. Beseitigen Sie so alle Kratzer im Bild.
12. Hartnäckige Kratzer, die sich mangels geeigneter Vorlagestellen vielleicht nicht richtig beseitigen lassen, können Sie auch mit den Retuschierwerkzeugen beseitigen.
13. Um die *Retuschierwerkzeuge* einsetzen zu können sollten Sie zunächst einmal die *Retusche-Werkzeugleiste* öffnen. Das geht wie oben beschrieben, nur dass Sie diesmal auf *Retusche-Werkzeugleiste* klicken.
14. In der *Retusche-Werkzeugleiste* sind vor allem die ersten vier Werkzeuge interessant. Das erste ist das *Retuschierwerkzeug-Abwedeln*. Mit diesem Werkzeug können Sie stellenweise Hautpartien aufhellen. Das zweite Werkzeug ist das *Retuschierwerkzeug-Nachbelichten*. Damit können Sie Bildbereiche stellenweise verdunkeln.
15. Mit dem dritten und vierten können Sie die Filter *Weichzeichnen* und *Schärfen* ebenfalls stellenweise gezielt im Bild anwenden. Nutzen Sie diese vier Retuschierwerkzeuge um die restlichen Spuren der Kratzer zu verwischen.
16. Die *Attributleiste* ist für alle vier beschriebenen Retuschierwerkzeuge gleich. Dort können Sie unter *Grad* die Intensität des Retuschiereffekts einstellen, unter *Form* die Pinselgröße und unter *Vignette* die Intensität innerhalb des Pinsels. Bei einem großen Wert ist der Intensitätsgrad am Rand des Pinsels gering, in der Mitte jedoch deutlich höher.

11. Fotos retten 215

Das Foto nach der Beseitigung der Kratzer

Die Unterschiede zur zerknitterten Vorlage sind beträchtlich. Es beeindruckt schon, wenn man das retuschierte und das noch unbearbeitete Bild nebeneinander hält. Allerdings ist die Restaurationsarbeit am Bild noch nicht ganz beendet.

Staub entfernen

Staub gehört nicht unbedingt zu den Bildfehlern, die sofort auffallen. Dennoch mindern Staubkörnchen ganz erheblich die Qualität des Bildes. Besonders stark wirkt sich das bei Digitalbildern aus, da sich der Staub nicht einfach abwischen lässt, zumindest nicht mit einem Tuch. Mit den richtigen Filtern können Sie dem Staub dennoch zu Leibe rücken. Wie? Das erfahren Sie hier:

1. Starten Sie PhotoImpact.
2. Öffnen Sie ein Bild mit Staubflecken.
3. Wählen Sie aus dem Menü *Effekt* zuerst den Filter *Stören – Entstören*.
4. Wenden Sie diesen Filter notfalls ein zweites Mal an. Dann sollte aber schon der größte Teil der Staubflecken verschwunden sein.
5. Wenn die Staubflecken regelmäßig im Bild verteilt sind, dann können Sie auch brauchbare Ergebnisse mit dem Filter *Weichzeichnen* erzielen. Diesen finden Sie im Menü *Effekt > Weichzeichnen*.
6. Rufen Sie den Weichzeichnungsfilter auf und klicken auf *Optionen*.

7. Wenn Sie diesen Filter zum ersten Mal anwenden, dann können Sie ruhig *Schwer* auswählen. Klicken Sie dann auf *OK* um den Filter anzuwenden.
8. Wenden Sie den Filter bei Bedarf ein zweites Mal an.
9. Ganz hartnäckige Staubkörnchen können Sie einzeln mit dem *Retuschierwerkzeug-Weichzeichnen* beseitigen. Aktivieren Sie dazu zunächst die *Retusche-Werkzeugleiste* aus dem Werkzeugleistenmenü und wählen dann das *Retuschierwerkzeug-Weichzeichnen* aus. Alternativ können Sie dieses Werkzeug auch mit der Taste [H] aufrufen.
10. In der *Pinselpalette*, die automatisch mit dem Werkzeug geöffnet wird, können Sie einige Einstellungen zum Werkzeug vornehmen. Falls Sie die Palette dennoch nicht finden, können Sie sie auch in der *Attributleiste* mit der Schaltfläche *Palette* aktivieren.
11. In der Registerkarte *Form* können Sie sowohl die Form des Pinsels als auch die Vignettierung verändern.
12. In der Registerkarte *Optionen* stellen Sie die Stärke des Weichzeichnungseffekts ein. Nutzen Sie das *Reuschierwerkzeug-Weichzeichnen* um die hartnäckigen Staubkörnchen zu beseitigen.

Die Staubflecken sind nun weitgehend entfernt.

Augen nachschärfen

Durch das Weichzeichnen wirkt das Bild insgesamt etwas unscharf. Für den Hintergrund und die Hautpartien wirkt sich das nicht weiter nachteilig aus, dafür aber umso mehr bei den Augen. Diese müssen nachträglich noch etwas geschärft werden:

1. Um die Augen nachbearbeiten zu können, müssen sie zunächst freigestellt werden. Dazu aktivieren Sie die *Auswahl-Werkzeugleiste* aus dem *Werkzeugleisten-Menü*. Das *Werkzeugleisten-Menü* erreichen Sie am schnellsten mit einem Klick der rechten Maustaste auf die *Werkzeugleiste*.
2. Wählen Sie aus der *Auswahl-Werkzeugleiste* das *Lasso-Werkzeug* aus.
3. Stellen Sie eines der Augen mit dem *Lasso-Werkzeug* frei.

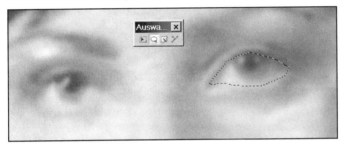

4. Wählen Sie jetzt aus dem Menü *Effekt > Schärfen* den Filter *Schärfen* aus. Ignorieren Sie die Schnellbeispiele und klicken auf die Schaltfläche *Optionen*.
5. Stellen Sie nun mit dem Regler *Stärke* den Schärfungsgrad ein. Klicken Sie dann auf *OK*. Wenden Sie den Filter wenn nötig ein zweites Mal an.
6. Führen Sie dann im Menü *Objekte* die Funktion *Einbinden* aus.
7. Verfahren Sie genauso mit dem zweiten Auge. Den Mund können Sie bei Bedarf auch mit der oben beschriebenen Methode nachschärfen.

Helligkeit des Hintergrunds ändern

Um das Modell stärker vom Hintergrund abzuheben, muss die Helligkeit des Hintergrunds geändert werden:

1. Stellen Sie deshalb das Modell im Bild mit dem Lasso-Werkzeug frei. Wie das geht, haben Sie bereits in vorangegangenen Anleitungen erfahren.
2. Wählen Sie im Menü *Auswahl > Vignettieren* aus. Stellen Sie dann einen Wert um 30-50 *Pixel* bei *Vignettenbreite* ein. Die so erzeugte weiche Auswahlkante sorgt dafür, dass der Übergang zwischen bearbeitetem und unbearbeitetem Bereich kaum sichtbar ist. Würden Sie die Vignettierung bei 0 Pixel belassen, hätte das zur Folge, dass das Modell wie schlecht ausgeschnitten und nachträglich eingefügt aussieht.
3. Wechseln Sie dann den Auswahlbereich mit *Auswahl > Umkehren*.

4. Wenn Sie nun den *Maskenmodus* mit der Tastenkombination (Strg) + (K) aktivieren, können Sie die weiche Auswahlkante erkennen. Mit derselben Tastenkombination verlassen Sie den Maskenmodus auch wieder.
5. Öffnen Sie das Fenster zur Helligkeits- und Kontraständerung über *Format > Helligkeit & Kontrast*.
6. Ändern Sie mit dem Helligkeitsregler den Hintergrund um diesen stärker vom Modell abzuheben.

Der Hintergrund ist jetzt deutlich heller. Das Modell wird stärker betont.

Der letzte Schliff

Das Modell ist jetzt zwar deutlich besser betont, wirkt aber dennoch etwas flau, als ob ein Nebelschleier zwischen Modell und Fotograf gewesen wäre. Dieser Effekt kann gut mit Tonwertkorrektur und Gradationskurve behoben werden. Das Modell kann dabei entweder "am Stück" freigestellt und bearbeitet werden oder in mehreren Schritten, wobei die verschiedenen Bereiche separat behandelt werden, z. B. Haare, Kleidung, Gesicht.

1. Im Beispielbild scheint der Pullover trotz Aufhellung des Hintergrunds immer noch mit diesem zu verschwimmen. Darum wird er zunächst separat freigestellt. Stellen Sie in Ihrem Bild einen ähnlich problematischen Bereich frei.
2. Wählen Sie in der *Attributleiste* unter *Vignette* einen Wert zwischen 5-15 *Pixel*. Dadurch wird die Auswahlkante nicht zu weich, weswegen der Pullover dann nicht mit dem Hintergrund zu verschmelzen droht.

11. Fotos retten

3. Nehmen Sie eine Tonwertkorrektur vor. Rufen Sie dazu über *Format > Grad* die Tonwertkorrektur auf. Probieren Sie zunächst einmal mit der Schaltfläche *Strecken*, wie sich diese automatische Tonwertkorrektur auswirkt. Sollte das Ergebnis nicht brauchbar sein, klicken Sie auf die Schaltfläche *Zurücksetzen*, um dann die Tonwertspreizung mit den beiden äußeren Reglern manuell vorzunehmen. Bestätigen Sie dann mit *OK*.

4. Anschließend können Sie den ausgewählten Bereich noch mit der *Gradationskurve* bearbeiten. Wie Sie die *Gradationskurve* richtig anwenden, erfahren Sie in *Kapitel 4: Bilder verbessern*.

5. Wählen Sie jetzt im Menü *Objekt* die Funktion *Einbinden*.

6. Verfahren Sie mit den anderen Bereichen wie Haare und Gesicht genauso wie oben beschrieben. Achten Sie darauf, dass Sie jeden Auswahlbereich einbinden, bevor Sie einen neuen freistellen (*Objekt > Einbinden*).

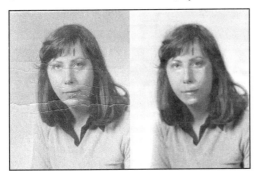

Hier noch einmal das verknitterte Original und das bearbeitete Bild

Zwar ist das Retten solch stark beschädigter Fotos nicht ganz einfach und wesentlich zeitaufwändiger als kleinere Fotoarbeiten, doch lohnt es sich auf jeden Fall.

Ein Porträt optimieren

Nicht jeder besitzt ein eigenes Fotostudio mit Hintergrund und spezieller Studiobeleuchtung. Porträtfotos werden trotzdem immer wieder gerne gemacht. Leider ist vielen Porträtfotos anzusehen, dass sie nicht vom Profi gemacht wurden. Mit PhotoImpact können Sie nachträglich einige Fehler ausbessern und nebenbei das Modell einer Verjüngungs- und Schönheitskur unterziehen. Wie Sie ein Porträt richtig verbessern, erfahren Sie hier:

1. Machen Sie eine oder mehrere Porträtaufnahmen.
2. Speichern Sie die Bilder auf der Festplatte Ihres Computers.
3. Starten Sie PhotoImpact und öffnen dann das Bild.
4. Da Porträts in der Regel im Hochformat fotografiert werden, wird Ihr Foto wahrscheinlich noch nicht gedreht sein (manche Kameras machen das allerdings automatisch). Wählen Sie in diesem Fall im Menü *Bearbeiten* die Funktion *Drehen & Spiegeln*. Drehen Sie das Bild in die richtige Richtung. Das Beispielbild musste um 90° nach links gedreht werden.

Den Hintergrund verändern

Da Sie wahrscheinlich keinen passenden Fotohintergrund zur Verfügung hatten, wird der Hintergrund auf dem Foto nicht brauchbar sein. Er soll deshalb verändert werden:

1. Stellen Sie zunächst das Modell frei. Wählen Sie dazu das *Lasso-Werkzeug* aus der *Auswahl-Werkzeugleiste*. Diese können Sie im *Werkzeugleisten-Menü* aktiveren, das Sie mit einem Klick der rechten Maustaste auf die *Werkzeugleiste* erreichen. Schneiden Sie das Modell genau aus, übertreiben Sie es jedoch bei den Haaren nicht.
2. Um auch einzelne Härchen mit freizustellen, wählen Sie unter *Vignette* in der *Attributleiste* eine weiche Auswahlkante. Prüfen Sie mit dem *Maskenmodus*, den Sie über die Tastenkombination [Strg] + [K] aktivieren, ob die Vignettierung stark genug ist.
3. Wechseln Sie jetzt den Auswahlbereich über das Menü *Auswahl > Umkehren*.

11. Fotos retten 221

4. Aktivieren Sie die *Füll-Werkzeugleiste,* die Sie ebenfalls im *Werkzeugleisten-Menü* finden.
5. Entscheiden Sie sich für eine Füllmethode. Für das Beispielbild wurde der *Lineare Farbverlauf* ausgewählt.
6. Stellen Sie in der Attributleiste *Zweifarbig* unter *Füllmethode* ein.
7. Wählen Sie zwei Füllfarben aus. Klicken Sie dazu in eines der Kästchen unter *Füllfarbe* und suchen sich im *Ulead Farbwähler* eine Farbe aus. Verfahren Sie mit der zweiten Füllfarbe genauso. Achten Sie darauf, dass die Farben zum Modell bzw. dessen Bekleidung passen, aber dennoch einen Kontrast bilden um das Modell stärker hervorzuheben. Für das Beispielbild wurden zwei unterschiedlich helle Grautöne verwendet.
8. Klicken Sie dann mit dem Mauszeiger in den oberen Teil des Bildes und ziehen diesen bei gedrückter Maustaste in die untere Bildhälfte. Lassen Sie dann die Maustaste los.
9. Um die Auswahl aufzuheben wählen Sie im Menü *Auswahl > Keine*. Sollte diese Funktion nicht zur Verfügung stehen, dann wählen Sie im Menü *Objekt > Einbinden*.

Rote-Augen-Effekt entfernen

Wer mit dem kamerainternen Blitz fotografiert, wird wahrscheinlich den Rote-Augen-Effekt kaum vermeiden können. Das stellt allerdings kein großes Problem dar. Da Sie ohnehin gerade mit PhotoImpact arbeiten, können Sie diesen auch gleich beseitigen.

1. Rufen Sie den Filter *Rote Augen entfernen* im Menü *Effekt > Fotografie* auf.

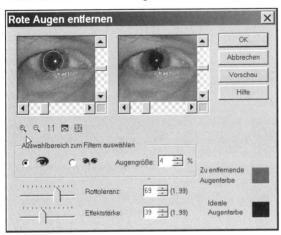

2. Zoomen Sie im Vorschaubild so weit auf eines der beiden Augen, bis es das gesamte Vorschaubild ausfüllt. Klicken Sie dazu auf die Schaltfläche *Vergrößern* (Lupe mit dem +).
3. Unter *Auswahlbereich zum Filtern auswählen* klicken Sie in das linke runde Auswahlfeld. So können Sie beide Augen separat bearbeiten.
4. Schieben Sie nun den Auswahlbereich im Vorschaubild über den roten Bereich des Auges. Stellen Sie dann die richtige Größe für den *Auswahlbereich* unter *Augengröße* ein.
5. Mit dem Regler für die *Rottoleranz* können Sie die Anzahl der Rottöne festlegen, die berücksichtigt werden sollen. Dies ist nötig, da der Rote-Augen-Effekt sich nicht nur auf einen Rotton beschränkt. Im rechten Vorschaubild können Sie das Ergebnis direkt erkennen.
6. Die *Effektstärke* legt fest, wie sehr der Rotton in die *Ideale Augenfarbe* umgesetzt wird. Stellen Sie mithilfe des Reglers einen für Sie zufrieden stellenden Wert ein.
7. Bestätigen Sie dann mit *OK*. Wenden Sie den Filter wie oben beschrieben ein zweites Mal für das andere Auge an.

Falten beseitigen

Falten sind ja bekanntlich ein Zeichen für Alter, und Alter lässt gemeinhin auf Erfahrung und vielleicht sogar Weisheit schließen. Jedoch ist nicht jeder über Falten erfreut, da sie auch nicht gerade für jugendliche Unversehrtheit und Unschuld stehen. Sie müssen aber nicht gleich den Schönheitschirurgen konsultieren, nur um Porträtaufnahmen ohne unerwünschte Falten vorweisen zu können – das lässt sich nämlich mit PhotoImpact sehr leicht erledigen.

1. Am besten eignen sich zum Beseitigen der Falten die *Klonwerkzeuge*. Diese finden Sie in der *Klon-Werkzeugleiste,* die Sie wie üblich aktivieren können, indem Sie die Werkzeugleiste mit der rechten Maustaste anklicken und *Klon-Werkzeugleiste* wählen. Klicken Sie daraus die *Klonen-Sprühdose* an. Damit kopieren Sie ausgewählte Vorlagebereiche auf die Falten und Pickel.
2. Die Vorlagebereiche legen Sie fest, indem Sie die ⇧-Taste gedrückt halten und gleichzeitig mit der linken Maustaste auf eine Vorlagestelle klicken.
3. In der *Attributleiste* können Sie die *Form*, die *Größe*, die *Transparenz* sowie die *Vignettierung* festlegen. Für *Transparenz* wählen Sie am besten 0. Sehr gut eignet sich für diese Zwecke die runde Form. Die *Größe* sollten Sie während der Bearbeitung häufig wechseln um alle Bereiche gezielt bearbeiten zu können. Im Feld *Vignette* stellen Sie am besten einen Wert zwischen 20 und 40 ein.

11. Fotos retten 223

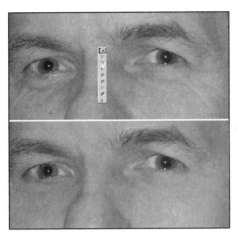

4. Entfernen Sie alle Falten und eventuell vorhandene Pickel.

Hautverschönerung

Neben Falten und Pickeln beeinträchtigen aber auch Poren, Mitesser und Bartstoppeln den Gesamteindruck. Auch dagegen hält PhotoImpact ein Mittel bereit. Mit dem Filter Hautverschönerung können Sie diesen Mankos zu Leibe rücken:

1. Wählen Sie den Filter *Hautverschönerung* aus dem Menü *Effekt > Fotografie* aus. Der Filter steht allerdings nur bei Farbbildern zur Verfügung.

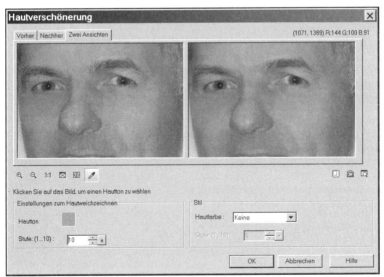

2. Um die Wirkungsweise des Filters besser im Vorschaubild erkennen zu können zoomen Sie zunächst einmal mit der Schaltfläche *Vergrößern* ins Bild hinein.
3. Wählen Sie dann einen Hautton, der mit dem Filter bearbeitet werden soll, im Bild mit der Pipette aus. Klicken Sie dazu einfach mit der Pipette auf die entsprechende Stelle im Gesicht des Modells.
4. Unter *Stufe* stellen Sie den Verschönerungsgrad ein. Die Auswirkung können Sie direkt im rechten Vorschaubild in der Registerkarte *Zwei Ansichten* erkennen.
5. Bestätigen Sie dann mit *OK*. Wenden Sie den Filter eventuell noch ein zweites Mal, vielleicht sogar mit einer anderen Hautfarbe an.

Hinweis

Der Filter *Hautverschönerung* ist eigentlich ein Weichzeichnungsfilter. Sie sollten ihn deshalb nicht zu oft bemühen. Schärfen Sie eventuell die Augen wie oben beschrieben nach.

Ein Besuch im digitalen Sonnenstudio

Manch einer ist der Meinung, er wäre zu blass, was des Klimas wegen hierzulande auch nicht weiter verwundert. Viele versuchen dem Abhilfe zu verschaffen, indem sie in wärmeren Gegenden während ihres Urlaubs stundenlang am Strand braten. Andere lassen sich im Sonnenstudio rösten, da man ja ohnehin nicht ganzjährig Urlaub machen kann. Beide Methoden sind, der UV-Strahlen wegen, gesundheitlich nicht ganz unbedenklich. Wer mit PhotoImpact arbeitet, ist da ganz klar im Vorteil. Mit dem Filter *Hautverschönerung* können Sie Ihre Haut bräunen oder sich sogar einen virtuellen Sonnenbrand zufügen, ohne wirklich Schaden zu nehmen. Außerdem ist es wesentlich einfacher und billiger als die oben genannten Methoden:

1. Wählen Sie im Menü *Effekt > Fotografie* den Filter *Hautverschönerung* aus.
2. Stellen Sie unter *Stil* bei Hautfarbe *Bräunung* bzw. bei Bedarf *Sonnenbrand* ein.

3. Unter *Stufe* können Sie in zehn Schritten die Intensität der Sonnenbräune oder den Grad des Sonnenbrandes einstellen.
4. Klicken Sie dann auf *OK*.

11. Fotos retten 225

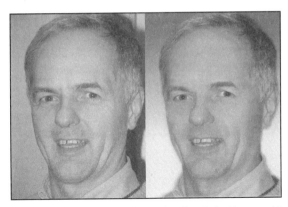

Noch einmal zum Vergleich: Original und nach der Hautverschönerung mit leichter Sonnenbräune

Beim virtuellen Zahnarzt

Weiße Zähne, wie Sie sie aus der Fernsehwerbung kennen, erreichen Sie, wenn überhaupt, nur durch Bleichen. Allerdings sind auch hierbei die gesundheitlichen Auswirkungen umstritten. Und Zahnlücken lassen sich auch nicht ohne kostenintensive Maßnahmen entfernen. Ganz anders mit PhotoImpact:

1. Vergrößern Sie zunächst den Bereich um den Mund. Verwenden Sie dazu das Zoom-Werkzeug. Klicken Sie damit links oberhalb des Mundes ins Bild und ziehen die Vergrößerungsauswahl mit gedrückter Maustaste nach rechts unten, bis der ganze Mund in der Vergrößerungsauswahl ist.

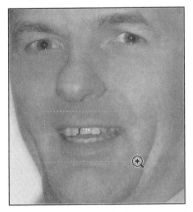

2. Zunächst soll die Zahnlücke geschlossen werden. Das geht am besten mit dem *Klonen-Pinsel*, den Sie in der *Klon-Werkzeugleiste* finden. Wie Sie diese aktivieren, haben Sie bereits in vorangegangenen Anleitungen erfahren.

3. Definieren Sie zunächst die Vorlagestelle. Als Einstellungen für den Pinsel sollten Sie in der *Attributleiste* folgende Werte wählen: *Form:* Kreis, *Pinselgröße:* 10, *Transparenz:* 0 und für *Vignette* ebenfalls 0. Füllen Sie damit die Zahnlücken auf.
4. Den letzten Schliff vor dem Bleichen erhalten die Zähne mit der *Klonen-Sprühdose*. Stellen Sie hier für *Vignette* den Wert 30 ein.
5. Stellen Sie nun die Zähne mit dem Lasso-Werkzeug frei.
6. Wählen Sie dann aus dem Menü *Effekt > Weichzeichnen* den Filter *Weichzeichnen* aus.
7. Ignorieren Sie die Schnellbeispiele und klicken auf *Optionen*.
8. Wählen Sie *Befriedigend* und anschließend *OK*.
9. Aktivieren Sie in der *Werkzeugleiste* den *Malen-Pinsel* (oder drücken Sie die Taste (P)). Stellen Sie in der *Attributleiste* eine kreisförmige Pinselform ein. Die *Transparenz* stellen Sie auf 60, die *Vignette* auf 35 und die Farbe natürlich auf Weiß. Die Größe wählen Sie nach Bedarf. Färben Sie jetzt die Zähne weiß.
10. Heben Sie dann die Auswahl mit *Objekt > Einbinden* auf.

Das Porträtfoto macht einen deutlich professionelleren Eindruck.

Mithilfe einiger Werkzeuge, die PhotoImpact bereitstellt, konnte das amateurhaft entstandene Porträt wesentlich verbessert werden. Außerdem haben Sie erfahren, wie wenig gesundheitsschädlich die Schönheitskosmetik mit PhotoImpact ist.

12. Kreatives Bilddesign

Neben Funktionen zur Bildbearbeitung, dem Anlegen von Fotoalben, Webdesign und der Präsentation eigener Bilder bietet PhotoImpact noch einen großen Gestaltungsspielraum, der es auf leichte Art und Weise ermöglicht, kreatives Bilddesign zu üben. So können Sie beispielsweise unter Zuhilfenahme des Ebenenmanagers Fotocollagen erstellen oder Text in ein Bild einfügen.

Fotomontagen

Bevor Sie eine Fotomontage erstellen können, benötigen Sie mindestens zwei Bilder, die Sie miteinander montieren möchten. Als Beispiel für die nachfolgende Schritt-für-Schritt-Anleitung sollen diese beiden Bilder in einen Himmel montiert werden, der zunächst aber noch erstellt werden muss:

Diese beiden Bilder dienen als Vorlage für eine Fotomontage. Sie sind im Technikmuseum Speyer entstanden.

Einen Himmel für die Montage erstellen

Für unsere Zwecke muss zunächst ein Himmel als Hintergrund erstellt werden. Die Vorgehensweise ähnelt derjenigen, mit der Sie auch Hintergründe für andere Ideen verwirklichen können. Letztendlich geht es hierbei um die gezielte Anwendung einzelner Effekte.

Zur Erstellung eines Hintergrundes gehen Sie so vor:

1. Starten Sie PhotoImpact.
2. Wählen Sie aus dem Menü *Datei > Neu > Neues Bild*. Alternativ können Sie auch die Tastenkombination [Strg] + [N] benutzen.

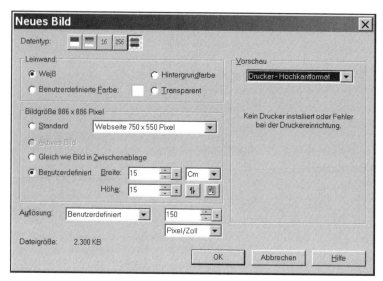

3. Stellen Sie unter *Leinwand* die Farbe *Weiß* ein. Unter *Bildgröße* wählen Sie *Benutzerdefiniert* und geben eine Größe von 15 cm für *Breite* und *Höhe* ein. Für die Auflösung wählen Sie ebenfalls *Benutzerdefiniert*. Geben Sie hier 150 Pixel/Zoll ein. Bestätigen Sie die Eingaben mit *OK*.

> **Hinweis**
>
> Bei Hintergründen, die für das Webdesign erstellt werden, genügt eine Auflösung von 72 Pixel/Zoll – das spart Speicherplatz. Außerdem ist die Qualität dann immer noch ausreichend, weil die normalen CRT- und TFT-Bildschirme ohnehin keine wesentlich größere Auflösung darstellen können.

Farbverlauf

Der Himmel ist bekanntlich nie einfarbig blau. Selbst dann, wenn der Himmel wolkenlos ist, wird das Himmelsblau zum Horizont hin immer heller. Dieser Effekt soll für unsere Zwecke nachgeahmt werden:

1. Aktivieren Sie in der *Füll-Werkzeugleiste* das Werkzeug *Lineare-Farbverlaufsfüllung* (siehe dazu auch *Kapitel 7: Bildgestaltung*).
2. Stellen Sie in der *Attributleiste* folgende Werte ein: *Füllmethode*: zweifarbig; unter *Füllfarben* wählen Sie zwei unterschiedlich helle Blautöne aus, wobei das linke Kästchen die dunklere Farbe enthalten sollte. Für *Transparenz* ist 50 ein guter Wert.

12. Kreatives Bilddesign

3. Klicken Sie nun mit dem Mauszeiger in den oberen Bereich des noch leeren Hintergrundes und ziehen ihn mit gedrückter Taste in den unteren Teil. Lassen Sie die Maustaste jetzt los.
4. Speichern Sie den Hintergrund jetzt am besten mit *Datei > Speichern unter* mit dem Namen *Himmel* ab.

Wolken erzeugen

Aus dem langweiligen blauen Hintergrund wird in den nächsten Schritten ein bewölkter Himmel entstehen.

Bevor die eigentlichen Wolken eingefügt werden, soll der Himmel aber erst einmal eine einfache Zeichnung erhalten. Diese soll genau wie der Farbverlauf nach unten hin weniger intensiv ausfallen:

1. Erstellen Sie eine Auswahl. Wählen Sie dazu aus dem Menü *Auswahl* die Funktion *Alle*.
2. Damit der Effekt nicht gleichmäßig auf den ganzen Hintergrund angewandt wird, müssen Sie eine Schablone erstellen, die bei PhotoImpact *Maske* genannt wird. Wechseln Sie mit der Tastenkombination (Strg) + (K) in den Maskenmodus.
3. Rufen Sie wieder die *Lineare Farbverlaufsfüllung* auf.
4. Wenden Sie das Werkzeug diesmal nicht von oben nach unten, sondern genau anders herum, von unten nach oben an. Dadurch haben Sie nun eine Maske erstellt. Alles, was Sie jetzt innerhalb dieser Auswahl machen, wird an die lineare Farbverlaufsfüllung angepasst.
5. Verlassen Sie den Maskenmodus mit der oben genannten Tastenkombination wieder.
6. Wählen Sie im Menü *Effekt > Kreativ* den Filter *Partikeleffekt* aus.
7. Stellen Sie unter *Partikel* den Effekt *Rauch* ein.
8. In der Registerkarte *Einfach* geben Sie unter *Effektsteuerung* für die *Dichte* einen kleinen Wert (ca. 30) und einen mittleren Wert für *Größe* ein. Unter *Partikelparameter* stellen Sie für *Durchsichtigkeit* ebenfalls ca. 30 und für die *Frequenz* 0 ein.
9. Bestätigen Sie diese Angaben mit *OK > Aktuellen Effekt auf Bild anwenden*.
10. Um die Maske wieder zu entfernen, wählen Sie im Menü *Objekt > Einbinden*.
11. Rufen Sie erneut den Filter *Partikeleffekt* auf.
12. Wählen Sie dieses Mal aber die Funktion *Wolken* unter *Partikel*.
13. Im Beispiel wurden folgende Werte verwendet: *Dichte* 80; *Größe* 28; *Durchsichtigkeit* 100; *Frequenz* 30.
14. Klicken Sie in das Kästchen vor *Drahtrahmen*.

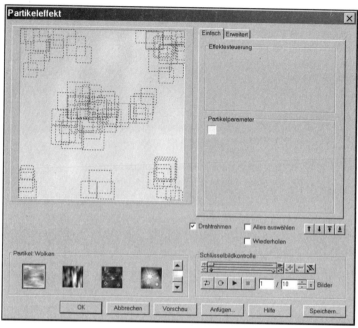

15. Mit den vielen gestrichelten Kästchen im Vorschaubild können Sie die Position der Wolken festlegen. Jedes Kästchen steht für eine Wolke. Verschieben Sie diese so wie in der Abbildung oder nach eigenem Ermessen.
16. Bestätigen Sie diese Angaben mit *OK > Aktuellen Effekt auf Bild anwenden*.
17. Sichern Sie Ihren Himmel mit *Datei > Speichern* oder über die Tastenkombination (Strg) + (S).

So oder ähnlich müsste Ihr Himmel jetzt aussehen.

12. Kreatives Bilddesign   *231*

Quasi aus dem Nichts wurde hier mit recht wenig Aufwand und in relativ kurzer Zeit ein ansprechender Himmel geschaffen, der als Grundlage für die hier gezeigte Fotomontage dienen wird.

Objekte freistellen

Um das Flugzeug, das ehemals der kanadischen Luftwaffe gehörte, in den Himmel einfügen zu können, muss es vorher freigestellt, also virtuell ausgeschnitten werden.

Das Flugzeug wird wie folgt freigestellt:

1. Klicken Sie mit der rechten Maustaste in die *Werkzeugleiste*, daraufhin öffnet sich das Werkzeugleistenmenü.
2. Schalten Sie im Werkzeugleistenmenü die *Auswahl-Werkzeugleiste* ein. Sie erkennen an dem Häkchen vor der Werkzeugleistenbezeichnung, ob sie eingeschaltet (Häkchen vorhanden) oder ausgeblendet (kein Häkchen) ist.

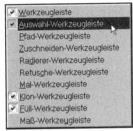

3. Wählen Sie aus der *Auswahl-Werkzeugleiste* das *Lasso-Werkzeug* aus. Mit der Taste [M] können Sie durch alle Auswahl-Werkzeuge schalten, bis das richtige angezeigt wird.
4. Klicken Sie nun mit dem *Lasso-Werkzeug* im Bild an den Rand des auszuschneidenden Objekts.

> **Tipp**
>
> Zoomen Sie möglichst weit in das Bild hinein um die Auswahl möglichst genau vornehmen zu können. Je gewissenhafter Sie arbeiten, desto besser wird später das Ergebnis.

5. Fahren Sie die Kontur des Objekts ab. Um Eckpunkte zu setzen klicken Sie einmal mit der linken Maustaste auf den entsprechenden Punkt. Wenn Sie die Kontur jedoch freihändig abfahren möchten, muss die linke Maustaste gedrückt bleiben, bis der Anfangspunkt erreicht ist.

> **Hinweis**
>
> Ein Doppelklick schließt den Auswahlbereich auf dem kürzesten Wege. Klicken Sie also nicht übermäßig ins Bild. Andernfalls müssen Sie das Freistellen von Neuem beginnen.

Objekte ausschneiden

Um das Flugzeug vor dem selbst erstellten Hintergrund einfügen zu können, muss es zuerst ausgeschnitten werden:

1. Das machen Sie über das Menü *Bearbeiten* mit der Funktion *Ausschneiden* oder noch einfacher mit der Tastenkombination [Strg] + [X]. Das Objekt wird dann automatisch in die Zwischenablage kopiert und kann von dort aus jederzeit aufgerufen werden.

Hinweis

Wenn Sie das Objekt aus dem Ursprungsbild ausgeschnitten haben, befindet sich an dessen Stelle ein weißer Fleck. Das Original ist deshalb aber noch nicht unbrauchbar. Schließen Sie es, indem Sie in der Fensterleiste auf das X klicken. Wählen Sie dann die Schaltfläche *Nein*. Wenn Sie das Bild jetzt erneut öffnen, dann ist das Objekt wieder dort, wo es einmal war.

Objekte einfügen

Um ein Objekt in ein Bild einzufügen muss das Bild zunächst einmal geöffnet werden. Erst dann kann das Objekt eingefügt werden:

1. Öffnen Sie jetzt wieder den Hintergrund. Wählen Sie dazu im Menü *Datei > Öffnen* das richtige Verzeichnis und dann die Datei *Himmel* aus. Sie wissen doch noch, wo Sie den Hintergrund gespeichert hatten?

2. Fügen Sie das Objekt mit der Tastenkombination [Strg] + [V] in den Himmel ein. Sie können diese Funktion auch über *Bearbeiten > Einfügen > Als Objekt* ausführen.

3. Wenn Sie mit dem Mauszeiger über das eingefügte Objekt fahren, wird er zu einem Pfeil, der in vier Richtungen zeigt. Das ist der *Verschiebe-Pfeil*. Verschieben Sie das Objekt an die gewünschte Stelle.

12. Kreatives Bilddesign 233

Objekte verformen

Nicht immer hat ein Objekt die richtige Größe. Damit es auch zum Hintergrund passt, muss es erst in Form und Größe angepasst werden:

1. Wenn Ihr Objekt wie in dem hier gezeigten Beispiel auch viel zu groß ist, dann rufen Sie das Verformwerkzeug aus der Werkzeugleiste auf. Nutzen Sie dazu am besten die Taste Q.

> **Tipp**
>
> Wenn Sie ein Werkzeug nicht gleich finden können, dann fahren Sie mit dem Mauszeiger auf eine Schaltfläche in der Werkzeugleiste und warten dort kurz (ohne zu klicken), bis eine Quickinfo erscheint. Diese gibt Ihnen Auskunft darüber, wie das Werkzeug heißt und mit welcher Taste es aufgerufen werden kann.

2. Klicken Sie auf das eingefügte Objekt.
3. Packen Sie eines der kleinen schwarzen Kästchen, die sich am Rand des Rahmens um Ihr Objekt befinden, und ziehen Sie es mit gedrückter Maustaste nach innen. Lassen Sie die Maustaste los, wenn die gewünschte Größe erreicht ist.

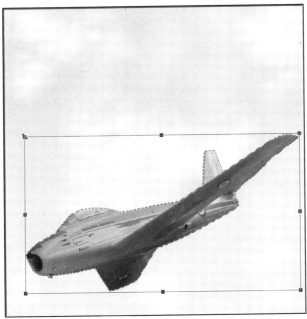

4. Wenn das Objekt zweimal eingefügt werden soll, müssen Sie es nicht gleich ein zweites Mal ausschneiden. Wählen Sie einfach noch einmal *Bearbeiten > Einfügen*.

> **Hinweis**
>
> Das Einfügen aus der Zwischenablage funktioniert allerdings nur so lange, wie Sie nichts anderes in die Zwischenablage kopiert haben. Auch wenn Sie zwischendurch den Computer ausgeschaltet hatten, ist die Zwischenablage wieder leer.
>
> Für den Fall, dass sich Ihr Objekt nicht mehr in der Zwischenablage befindet und Sie das zu verdoppelnde Objekt noch *nicht* eingebunden haben, klicken Sie es einfach an. Wählen Sie dann aus dem Menü *Objekt > Verdoppeln*.
>
> Wenn Sie das Objekt jetzt verschieben wollen, werden Sie bemerken, dass Sie nicht das Original verschieben, sondern eine Kopie davon.

Fehlende Details ergänzen

Bei dem zweiten Flugzeug fehlt eine Ecke des linken Flügels. Mithilfe der Auswahl- und Klon-Werkzeuge soll diese nun ergänzt werden:

1. Schneiden Sie das Objekt mit dem fehlenden Detail aus dem Bild aus.
2. Erstellen Sie ein neues Bild mit weißem Hintergrund, wie es in diesem Kapitel bereits beschrieben wurde.
3. Fügen Sie das ausgeschnittene Objekt mit *Bearbeiten > Einfügen > Als Objekt* in das neue Bild ein.
4. Verbinden Sie das Objekt mit dem weißen Hintergrund über *Objekt > Einbinden*.
5. Wählen Sie das *Lasso-Werkzeug* und ergänzen mit einer Auswahl die Umrisse des fehlenden Objekts. Das ist am Beispielbild nicht weiter schwierig, bei sehr filigranen Details kann das jedoch äußerst kompliziert werden. Zoomen Sie darum zuvor mit der Lupe in das Bild hinein.

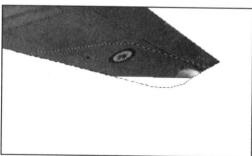

6. Rufen Sie dann den *Klonen-Pinsel* aus der *Klon-Werkzeugleiste* auf.
7. Ergänzen Sie mithilfe des *Klonen-Pinsels* das fehlende Detail. Wie Sie den Klonen-Pinsel richtig anwenden, können Sie in *Kapitel 11: Fotos retten* nachlesen.
8. Aktivieren Sie in der *Auswahl-Werkzeugleiste* das *Zauberstab-Werkzeug*.

12. Kreatives Bilddesign 235

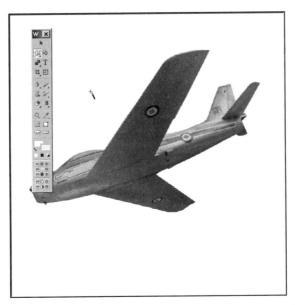

9. Klicken Sie mit dem *Zauberstab-Werkzeug* in den weißen Bereich des Bildes.
10. Wählen Sie im Menü *Bearbeiten > Ausschneiden* um das Objekt wieder in die Zwischenablage zu kopieren.
11. Öffnen Sie das Bild *Himmel* und fügen das Objekt mit *Bearbeiten > Einfügen > Als Objekt* beliebig oft ein.

Die Flugzeuge wurden in den Himmel eingefügt.

Mit dem Ebenenmanager arbeiten

Solange Sie die Objekte nicht einbinden, also nicht mit dem Hintergrund zu einer Einheit verschmelzen, existieren sie als eigenständige Ebenen. Jede Ebene kann separat verändert und bearbeitet werden. Alle Ebenen (mit Ausnahme der Hintergrundebene) werden im Ebenenmanager angezeigt und verwaltet.

Ebenen sind in etwa vergleichbar mit Folien, die man übereinander legt. Solange sich nichts auf den Folien bzw. Ebenen befindet, ist die Hintergrundebene vollständig und ohne Beeinträchtigungen zu sehen. Sobald aber auf die Folien oder Ebenen geschrieben/gemalt wird oder irgendwelche Objekte abgelegt werden, sind Teile der Hintergrundebene verdeckt. Was mit Folien nur schwer machbar ist, nämlich das Ändern der Transparenz einzelner Objekte, ist mit dem Ebenenmanager in PhotoImpact ein Kinderspiel.

Der Ebenenmanager

> **Hinweis**
>
> Den *Ebenenmanager* können Sie über den *Paletten-Manager* ein- und ausblenden. Den Paletten-Manager finden Sie am linken Rand der PhotoImpact-Arbeitsfläche. Sollte der Paletten-Manager mal nicht zu finden sein, können Sie ihn über das Menü *Ansicht > Werkzeugleisten & Paletten* einblenden.

Der Ebenenmanager

Im Ebenenmanager wird jede Ebene als Zeile mit Miniaturbild und einigen Informationen dargestellt. Klicken Sie eine solche Zeile an, wird sie blau unterlegt. Eine blau unterlegte Ebene im Ebenenmanager ist eine aktive Ebene. Alle Funktionen und Arbeitsschritte, die jetzt durchgeführt werden, beeinflussen nur diese aktive Ebene. Die anderen Ebenen bleiben davon unberührt.

Neben dem kleinen Miniaturbild der Ebene befindet sich ein kleines Kästchen mit einem Auge. Klicken Sie mit dem Mauszeiger in dieses Kästchen, so wird die Ebene im Bild ausgeblendet. Im Ebenenmanager erkennen Sie das daran, dass auch das Auge im Kästchen ausgeblendet wird.

Wenn Sie mit der rechten Maustaste auf eine Ebenenzeile klicken, erscheint ein Kontextmenü, das sowohl Funktionen zur Bearbeitung der aktiven Ebene als auch zur allgemeinen Bearbeitung des Bildes bereitstellt.

Sollte der Ebenenmanager leer sein, obwohl auf dem geöffneten Bild jede Menge zu sehen ist, bedeutet das, dass das Bild nur aus einer einzigen, der so genannten Hintergrundebene besteht. Um die eine Hintergrundebene in den Ebenenmanager zu bekommen, wählen Sie im Menü *Auswahl* zuerst *Alle* und anschließend *In Objekt umwandeln*. Genauso können Sie jede Auswahl, die Sie in einem Bild vornehmen, zu einer eigenständigen Ebene machen.

In der folgenden Schritt-für-Schritt-Anleitung wird der Einsatz des Ebenenmanagers genau erklärt.

Transparenz ändern

Mit der *Transparenz* ist die Deckkraft einer Ebene in PhotoImpact gemeint. Je größer die Deckkraft bzw. je geringer die Transparenz ist, desto stärker überdeckt das Objekt einer Ebene die Hintergrundebene. Mit dem Ebenenmanager lässt sich die Transparenz einer Ebene separat verändern.

In der oben beschriebenen Fotomontage sind manche Flugzeuge weiter entfernt. Aufgrund der Schwebeteilchen und Wolken müssten diese aber weniger deutlich zu sehen sein als die Flugzeuge in nächster Nähe.

Um die begrenzte Sichtweite zu simulieren, bedienen wir uns des Transparenzreglers im Ebenenmanager:

1. Öffnen Sie ein Bild in PhotoImpact, das mehrere nicht eingebundene Objekte enthält. Als Beispiel wird die oben beschriebene Fotomontage verwendet.
2. Wählen Sie im *Ebenenmanager* die Ebene eines Objekts aus, dessen Deckkraft verringert werden soll.
3. Der *Transparenzregler* des *Ebenenmanagers* befindet sich rechts über den aufgelisteten Ebenen. Ein großer Wert bedeutet eine geringe Deckkraft bzw. eine starke Transparenz, ein kleiner Wert dagegen weist auf Undurchsichtigkeit hin. Stellen Sie die Transparenz mit dem Regler ein.

4. Wenn Sie nichts mehr an den einzelnen Ebenen verändern wollen, dann wählen Sie im Menü *Objekt > Alles einbinden*. Dadurch werden alle Ebenen mit der Hintergrundebene verbunden.
5. Speichern Sie das Bild am besten unter einem neuen Namen ab.

Hinweis

Wenn ein Bild mit mehreren Ebenen abgespeichert wird, werden die Ebenen beim Speichern meist automatisch miteinander verbunden. Dies ist nötig, weil viele Dateiformate nur eine Ebene abspeichern können. Wer sichergehen will, dass alle Ebenen erhalten bleiben, muss das Bild im UFO-Dateiformat abspeichern. Dieses Format wurde von Ulead speziell für Bilder mit nicht eingebundenen Objekten entwickelt. Allerdings können nicht alle Bildbearbeitungsprogramme dieses Dateiformat verarbeiten.

Effekte teilweise zurücknehmen

Manche Effekte möchte man, so toll sie auch sein mögen, nicht immer auf das ganze Bild (oder Objekt) anwenden. Manchmal ist der Effekt nur in ganz bestimmten Bereichen erwünscht.

1. Wählen Sie im Menü *Auswahl > Alle*.
2. Öffnen Sie den *Ebenenmanager* im *Paletten-Manager*.
3. Bringen Sie das Bild mit *Auswahl > In Objekt umwandeln* in den *Ebenenmanager*.
4. Aktivieren Sie die Ebene im *Ebenenmanager*.
5. Klicken Sie mit der rechten Maustaste auf die aktivierte Ebene im *Ebenenmanager*.

12. Kreatives Bilddesign

6. Wählen Sie *Verdoppeln* aus dem Kontextmenü.
7. Rufen Sie den Filter *Partikeleffekt Rauch* auf, wie oben bereits beschrieben wurde.

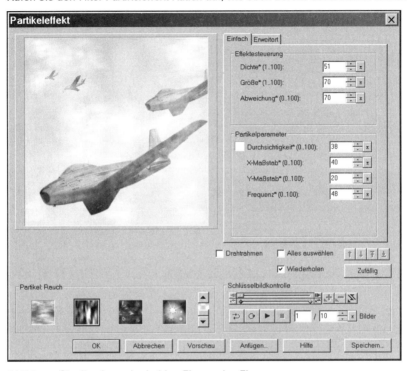

8. Aktivieren Sie die obere der beiden Ebenen im *Ebenenmanager*.
9. Geben Sie ähnliche Werte wie in der oben gezeigten Abbildung für den *Partikeleffekt Rauch* ein.
10. Führen Sie den Effekt mit *OK > Aktuellen Effekt auf Bild anwenden* aus.
11. Um den Rauch, der das vorderste Flugzeug bedeckt, wieder zu entfernen, wählen Sie in der *Werkzeugleiste* das Werkzeug *Objekt malen > Radierer*. Das geht am schnellsten mit der Taste [O].

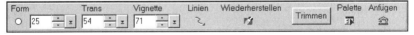

12. Stellen Sie in der Attributleiste eine runde Form (Klick auf das Symbol *Pinselform wählen*) ein. Wählen Sie für *Transparenz* 50 - 60 und für *Vignette* 70 - 75.
13. Entfernen Sie den Rauch vom Objekt. Genau genommen entfernen Sie nicht den Rauch, sondern gleich ganze Teile der Ebene. Das können Sie sichtbar machen, wenn Sie im Ebenenmanager die zweite Ebene unsichtbar machen, wie oben beschrieben.

14. Verbinden Sie die beiden Ebenen mit der Hintergrundebene über *Auswahl > Alles einbinden*.

Durch den nachträglich hinzugefügten und teilweise zurückgenommenen Nebel wird die Tiefenwirkung des Bildes deutlich erhöht. Das Bild wirkt plastischer.

Blendeffekte hinzufügen

Um den Gesamteindruck zu vervollständigen, soll noch ein Blendeffekt hinzugefügt werden, der die Sonne, verdeckt von einer Wolke, darstellen soll.

1. Rufen Sie den Filter *Kreative Beleuchtung* aus dem Menü *Effekt > Ausleuchtung* auf.
2. Wählen Sie im Bereich *Effekt Linsenflimmern* aus.
3. Verschieben Sie die Lichtquelle an die gewünschte Stelle.
4. Stellen Sie das *Umgebungslicht* auf nahe 100 Prozent.
5. Suchen Sie das richtige Verhältnis zwischen *Intensität* und *Größe* der Lichtquelle. Im Beispiel wurden die Werte 25 und 40 gewählt.
6. Bestätigen Sie die Eingaben mit *OK > Aktuellen Effekt auf Bild anwenden*.

12. Kreatives Bilddesign

Die fertige Fotomontage

Mit einem zunächst weißen Blatt, zwei Fotos aus dem Technikmuseum und einigen Filtern und Werkzeugen von PhotoImpact wurden die Jagdflugzeuge der kanadischen Luftwaffe wieder in Dienst gestellt (zumindest auf dem Foto). Das Wichtigste für eine Fotomontage sind letztendlich immer noch die (kreativen) Ideen. An Werkzeugen fehlt es PhotoImpact jedenfalls nicht.

Eine Postkarte erstellen

Postkarten können Sie im Urlaub an jedem Kiosk oder Souvenirladen kaufen. Aber wozu Geld ausgeben, wenn Sie sich am PC selbst eine Postkarte erstellen können? Außerdem können Sie die mit PhotoImpact kreierten Postkarten auch per E-Mail verschicken – das ist ohnehin zeitgemäßer, und die Postkarte kommt auch an, bevor Sie aus dem Urlaub zurück sind.

Diese vier Fotos von meinem Italien-Urlaub müssen für die Beispielpostkarte herhalten.

So gehen Sie beim Erstellen einer Postkarte vor:

1. Starten Sie PhotoImpact und öffnen mehrere Bilder, die Sie von Ihrem Urlaubsort gemacht haben.
2. Wählen Sie daraus ein Bild aus, das die Hintergrundebene bilden soll. Öffnen Sie dieses zuletzt. Speichern Sie dieses Bild dann unter einem neuen Namen über *Datei > Speichern unter* ab.
3. Klicken Sie nun in eines der anderen Fotos und kopieren es, wie oben beschrieben, in die Zwischenablage.
4. Fügen Sie das Foto jetzt über die Hintergrundebene ein: *Bearbeiten > Einfügen > Als Objekt.*
5. Verfahren Sie mit den anderen Bildern wie in Schritt 3 und 4 beschrieben.
6. Wählen Sie in der *Werkzeugleiste* das *Verformwerkzeug* aus und verkleinern die eingefügten Bilder.
7. Achten Sie darauf, dass in der Attributleiste die Funktion *Aspektrate beibehalten* eingeschaltet ist. Die Schaltfläche ist im gedrückten Zustand mit einem geschlossenen Vorhängeschloss gekennzeichnet.

Lineale und Hilfslinien

Um die Fotos alle auf einer Höhe anordnen zu können, benötigen wir so genannte Hilfslinien. Für gleichmäßige Abstände sind Lineale hilfreich.

1. Blenden Sie die *Lineale* mit der Tastenkombination ⇧ + Ⓥ (oder *Ansicht > Lineal*) ein.
2. Klicken Sie dann auf eines der *Lineale* und ziehen die Hilfslinie mit gedrückter Maustaste aus dem Lineal ins Bild.

3. Richten Sie die kleinen Bilder jetzt an den Hilfslinien aus. Passen Sie auch die Größe endgültig an.

Schatten

Um die kleinen Fotos stärker von der Hintergrundebene abzuheben, sollen diese einen Rahmen aus Schatten erhalten.

1. Aktivieren Sie eines der kleinen Bilder im *Ebenenmanager*.
2. Wählen Sie aus dem Menü *Objekt > Schatten*.
3. Schalten Sie die Schattenfunktion mit einem Haken vor *Schatten* ein.

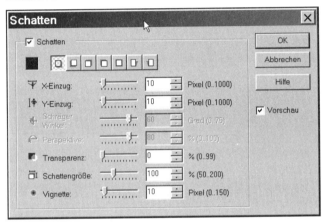

4. Stellen Sie die Werte wie in der Abbildung ein.
5. Wählen Sie mit dem *Ulead Farbwähler* eine passende Farbe für den Schatten aus. Im Beispiel wurde schwarz gewählt.
6. Fügen Sie den Schatten ins Bild ein, indem Sie auf die Schaltfläche *OK* klicken.

Einen zweiten Schatten hinzufügen

Der jetzt eingefügte Schatten hebt das Bild plastisch hervor, der Kontrast zum Hintergrund ist jedoch noch nicht stark genug. Darum soll ein zweiter Schatten eingefügt werden.

1. Klicken Sie im Menü *Objekt* auf die Funktion *Schatten teilen*.
2. Rufen Sie wieder die Funktion *Schatten* aus dem Menü *Objekt* auf.
3. Um den Kontrast zu erhöhen ist eine andere, hellere *Farbe* sinnvoll. Außerdem soll der Schatten diesmal in die entgegengesetzte Richtung fallen. Klicken Sie hierzu die entsprechende Schaltfläche an. Die *Transparenz* wird auf den Wert 50 erhöht. Alle anderen Werte bleiben unverändert.
4. Bestätigen Sie mit *OK*.
5. Fügen Sie den anderen Bildern nach der gleichen Methode einen Schatten hinzu.

Durch die Schatten werden auch die kleinen Bildchen gut betont.

Text einfügen

Damit der Empfänger der Postkarte auch erkennt, woher sie kommt, darf natürlich der Text nicht fehlen, der genau darüber aufklärt.

1. Aktivieren Sie in der Werkzeugleiste das Textwerkzeug. Alternativ können Sie das Textwerkzeug mit der Taste ⓣ aktivieren.
2. Klicken Sie damit in das Bild und geben einen kurzen Text ein.
3. Mit dem Aktivieren des Textwerkzeugs wurde die Textpalette geöffnet.

> **Hinweis**
>
> Sollte bei Ihnen nicht die Textpalette geöffnet sein, dann klicken Sie mit dem Auswahlwerkzeug in den Text um ihn auszuwählen. Anschließend können Sie mit der rechten Maustaste (Text anklicken) ein Kontextmenü öffnen. Wählen Sie daraus die Funktion *Text bearbeiten* (oder drücken Sie die Tasten ⇧ + Ⓔ).

4. Wählen Sie auf der Registerkarte *Stil* eine *Schriftart* und die *Größe* aus.

12. Kreatives Bilddesign

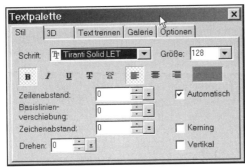

5. Den *Schatten* können Sie auf der Registerkarte *Galerie* der *Textpalette* einschalten.
6. Schieben Sie den Text mit dem *Auswahlwerkzeug* an die gewünschte Stelle im Bild.
7. Um dem Text eine interessantere Form zu verpassen, wählen Sie im *Paletten-Manager* die *Trickkiste* aus.

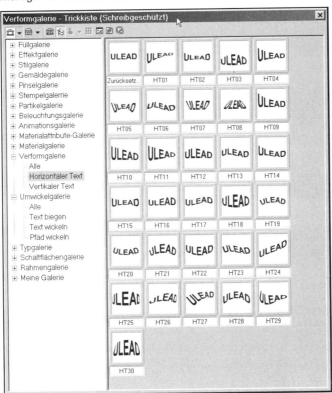

8. Klicken Sie auf das + vor *Verformgalerie* und wählen *Horizontaler Text* aus.
9. Suchen Sie sich im rechten Fenster der *Trickkiste* eine Form für Ihren Text aus. Doppelklicken Sie darauf.
10. Wählen Sie nochmals das *Verformwerkzeug* aus und passen die Größe endgültig an.
11. Wenn Sie alle Elemente richtig auf der Postkarte angeordnet haben und soweit zufrieden mit dem Ergebnis sind, fassen Sie alle Ebenen mit *Objekt > Alles einbinden* zusammen.
12. Deaktivieren Sie die *Lineale* mit *Ansicht > Lineal* oder der Tastenkombination ⇧ + V.
13. Die *Hilfslinien* blenden Sie mit *Ansicht > Richtlinien & Gitter > Alle Richtlinien sperren* aus.
14. Speichern Sie die Postkarte mit *Datei > Speichern* ab.

Die fertige Postkarte

Anhang: Glossar

Alphakanal
Über den Alphakanal werden die Auswahlinformationen zu einem Bildbereich als Schwarzweiß-Silhouette gespeichert. Graustufen im Alphakanal ermöglichen fließende Übergänge bei der Auswahl.

Auflösung
Angabe der Bildpunkte zur Beschreibung der Größe des Bildes, entweder gesamt oder in der Form: horizontale x vertikale Richtung.

Blende
Die Blende befindet sich im Objektiv einer Kamera und regelt die einfallende Lichtmenge. Je nach Öffnung spricht man entweder von einer großen Blende (kleine Blendenzahl z.B. f/2.8), oder von einer kleinen Blende (große Blendenzahl z.B. f/32). Objektive mit sehr großen Blenden werden daher auch als "lichtstark" bezeichnet.

Bitmap
Digitales Bild, das aus einem regelmäßigen Raster von Bildpunkten besteht.

CCD-Sensor
CCD steht für Charge-Coupled Device. Es ist eine Anordnung winziger, lichtempfindlicher Halbleiterelemente. Damit wird Licht in digitale Daten umgewandelt.

CMYK
Mit dieser Abkürzung werden die Grundfarben der professionellen Druckvorstufe bezeichnet: Cyan, Magenta, Yellow, Black.

Dithering
Ein Rasterverfahren, das in Bitmap-Bildern mehr Farb- oder Graustufen erzeugt, als tatsächlich vorhanden sind.

dpi

dots per inch (Punkte auf inch). 1 inch = 2,54 cm. Auflösungsmaß für Drucker und andere Ausgabegeräte.

Farbrauschen

Andersfarbige Bildpunkte in einfarbigen Flächen. Es handelt sich um eine fehlerhafte Wiedergabe der jeweiligen Bildpunkte.

Farbtiefe

Darstellbare Farbabstufungen.

Gradationskurve

Eine präzise Korrektur einzelner Helligkeitsbereiche kann über die Gradationskurve vorgenommen werden. So können z.b. helle Bildpunkte angehoben werden, ohne die Schatten mit zu beeinflussen.

Histogramm

Ein Diagramm, das den Tonwertumfang eines Bildes in einer Kurve darstellt. Die Balkenhöhe gibt dabei an, wie häufig der Tonwert vorkommt.

Image Map

Ein Bild auf einer Webseite, das mit einem Hyperlink versehen ist.

Interpolation

Errechnete Erhöhung oder Verringerung der Pixelzahlen in einem Bild.

Kanalmixer

Mit dem Kanalmixer können die Gewichtungen der Grundfarben verändert werden (für einzelne Farben und für alle Farben zusammen).

lpi

Lines per inch (Linien pro inch). 1 inch = 2,54 cm. Ein Maß für die Rasterweite gedruckter Bilder.

Pixel

Abkürzung für Picture Element. Pixel bezeichnet einen einzelnen Bildpunkt in einem Bild. Es ist das kleinste Bildelement.

Plug-in

Ein Softwaremodul, das ein Bildbearbeitungsprogramm um spezielle Funktionen erweitern kann.

ppi

Pixel per inch (Bildpunkte pro inch). 1 inch = 2,54 cm. Gibt die Auflösung von Eingabegeräten (z.B. Scanner) an.

Rollover-Effekt

Bewegt sich der Mauszeiger über ein Bild auf einer Webseite und verändert sich dieses dabei, so spricht man vom Rollover-Effekt.

Schärfen

Nicht immer arbeitet der Autofokus einer Digitalkamera hundertprozentig korrekt. Dadurch kann es vorkommen, dass das Foto leichte Unschärfen aufweist. Dies passiert besonders im Makromodus, vor allem dann, wenn der Mindestabstand unterschritten wird. Hierbei ist es von Vorteil wenn man eine Digitalkamera besitzt die über einen Supermakromodus verfügt. Bei vielen Digitalkameras werden die Fotos schon automatisch etwas geschärft, um den Ersteindruck zu verbessern. Diese Funktion kann man aber in der Regel wieder abstellen oder den eigenen Bedürfnissen anpassen. Um die Unschärfen korrigieren zu können gibt es in PhotoImpact eine Funktion mit der das Foto noch nachträglich etwas geschärft werden kann.

Slices

Zerschneidet man ein Bild, um es auf der Webseite wieder zusammen zu setzen, so nennt man die einzelnen Bildbereiche Slices.

Trialversion

Eine Testversion, die nicht (oder kaum) eingeschränkt, dafür aber zeitlich limitiert ist. Man kann so das Programm ausprobieren, ohne Behinderungen in der Bedienung zu haben. Die Trialversion von PhotoImpact 8 ist vollständig. Allerdings muss der Anwender auf Zusätze wie PhotoImpact Album oder den GIF-Animator verzichten.

Weißabgleich

Tageslicht, Glühlampen, Leuchtstoffröhren, bewölkter Himmel und andere Faktoren verfälschen oftmals die natürliche Farbwiedergabe. Aus diesem Grund verfügen moderne Digitalkameras mittlerweile über einen umfangreichen Weißabgleich um eine naturgetreue Farbwiedergabe zu erreichen. Die Kamera erkennt oft automatisch die Art der Lichtquelle und wählt eine entsprechende Einstellung. Bei vielen Kameras kann man auch manuell unter verschiedenen vorprogrammierten Modi wählen.

Stichwortverzeichnis

1-Bit-Bilder 83
4 Punkte Einteilung 120

A

Achsenabstand 126
Album 53, 64
    Bild einfügen 66
    erstellen 65
    öffnen 61
Albumpalette 60
Albumvorlage 63
Albumvorlagen 65
Animationen 83
Architekturfotografie 130
Attributleiste 25, 73, 75, 213, 242
Attributmodus 59
Aufhellblitz 125
Aufhellen 125
Auflösung 228
Augen nachschärfen 217
Ausleuchtung 125, 127, 240
Auslöseverzögerung 164
Ausschnittsvergrößerung 40
Auswahl-Werkzeugleiste 156, 217
Autofokus 108
Automatikmodus 125

B

Beleuchtung aufbessern 210
Belichtung 119
Belichtungseinstellung 109
Belichtungsmessung 125
Belichtungszeit 108, 154
Bewegungsunschärfe 123, 154
Bewegungsunschärfen 113
Bild
    aufhellen 152
    aus dem Internet speichern 32
    entfärben 80
    verkleinern 176
Bildaufteilung 119
Bilder
    drehen 71, 74
    um Winkel drehen 73
    verbessern 71
Bilderdienste 94
Bildfehler 157
Bildformat 117, 129
Bildpräsentation 193
    per E-Mail versenden 194
Bildqualität 107
Bildrand 117
Bildrauschen 108
Blend- oder Gegenlichteffekte 168
Blende 108, 111, 134
Blendeffekt 240
Blendenautomatik 134
Blendenöffnung 125, 135
Blickwinkel 123
Blinkwinkel 114
Blitz 109, 125, 164
    interner 125
Blitzauffüllung 210
Blitzgeräte 125, 127
Blitzlichteinsatz 125
Blitzmodi 125
Blitzsynchronzeit 126
Blooming 108, 110
Bluetooth 47
Brennprogramm 195
Brennweite 152

C

CCD-Sensor 47, 81
CCD-Sensoren 147, 209

Computer
  Mindestanforderungen 12

D

Dateieintragsmodus 59
Dateiformat 47, 55, 83
Dateiformate
  für das Web 172
Datentyp 55
DC-Eingang 45
Deckkraft einer Ebene ändern 237
Demoversion
  installieren 13
Diaschau 198
Diashow 45, 55, 68, 193
  Überblendung 68
diffuses Ambiente 150
diffuses Licht 117
Digital Camera Manager 51
Digitalkamera 50, 52, 107
Dockingstationen 47
Drahtrahmen 229
Drehen & Spiegeln 220
Drehwinkel 74
Dreiteilung 119
Dynamik 117, 120, 122

E

Ebene 236
  auf Hintergrundebene reduzieren 237
  bearbeiten 237
  ein- und ausblenden 237
  speichern 238
Ebenenmanager 27, 236
Effekte 206
Effekte zurücknehmen 238
Effektfilter 147, 150
E-Mail
  Bild versenden 69
Entstören 212, 215
externe Blitzgeräte 126

F

Falten beseitigen 222
Farben
  Sättigung 77
Farbfilter 127, 148
Farbjustierung 78, 148
Farbrauschen 157
Farbstich 78
Farbstiche
  korrigieren 78
Farbtonbalance 78
Farbverfälschungen 210, 212
Farbverlauf 144, 221, 228
Fernauslöser 126
Filmkörnung 158
Filtergewinde 147
Firewire 46
Fisheye-Filter 149
Fixpunkte 118
Flächen
  einfärben 88
Flashspeicher 47
Fluchtpunkt 115, 121
Formen 124
Foto-CD 12, 31, 33
Fotodruck 97
Fotolabor 93
Fotomontage 227
Fotopapier 96, 99, 105
Fotopatrone 97
Fotos
  nachbearbeiten 107
  unterbelichtet 210
  zerkratzte 213
Freistellen 217, 231
Froschperspektive 114
Füll-Werkzeugleiste 221

G

Gammakorrektur 40
Ganzkörperaufnahmen 117
Gegenlicht 125, 128
Gelbfilter 148
Geraderichten 39

Gerätetyp 34
Geschwindigkeit 152
Gestaltungsmittel 124
GIF 83
GIF-Format 178
Gradationskurve 85, 86, 211, 219
  zeichnen 90
Grausstufenmodus 148
Graustufen 80
Graustufen-Bild 80
Gruppenfotos 126

H

Hauptmotiv 120, 124
Haut bräunen 224
Hautverschönerung 223
Helligkeit 40, 165, 210
Hilfe 24
Hilfslinien 242
Hilfslinien ausblenden 246
Hintergrund 117, 124
  ändern 217
  erstellen 227
  für das Web 228
Hintergrund-Designer 184
Hintergrundebene 237, 242
Hintergrundebene in Ebenenmanager
  aufnehmen 237
Hintergründe 124
Histogramm 76
Hochformate 131
Horizont 119
HTML 171, 186

I

Image Print 98
indirektes Blitzen 127
Installations-Assistent 13
Internet 32
IrDA-Schnittstellen 46

J

JPG-Format 172, 176, 190

K

Kalibrierung 37
Kalibrierungsschema 37
Kameraeinstellung 107
Klonen-Pinsel 234
Klonen-Sprühdose 222
Klon-Werkzeuge 213, 234
Klon-Werkzeugleiste 213, 222
Komponentendesigner 181, 182
Kontrast 40, 124
Kontrastanpassung 40
Konturen betonen 156
Kratzer 214
  entfernen 213
kreative Ausleuchtung 164
Kristall & Glas 206

L

Landschaftsaufnahmen 130
Lasso-Werkzeug 156, 217
Lesegeräte 48
Licht 166
Lichtempfindlichkeit ... 110, 113, 125, 154
Lichtintensität 166
Lichtquellen 125, 168
Lichtstark 117
Lichtverhältnisse 134, 160
Lineale 242
Lineare-Farbverlaufsfüllung 229
Linearperspektive 115
Linien
  stürzende 121
Lupenfunktion 214

M

Make-up 117
Makrofotografie 122, 124

Makromodus 82
Malen-Pinsel 226
manuell fokussieren 164
MAP-Datei 37
Maske erstellen 229
Maskenmodus 218, 229
Menüleiste 25
Miniaturansicht 71
Miniaturbilder
 Größe anpassen 63
Miniaturmodus 59
Mond
 fotografieren 110
Motiv 122
Muster 122

N

Nachbearbeitungsassistent 38, 42
Nahlinsen 149
Negativ-Bild 81
neues Bild erstellen 227

O

Oberlicht 117
Objekt einbinden 234
 ausschneiden 232
 einfügen 232
 verdoppeln 234
 verformen 233
Objektgröße ändern 233
Objektivschutz 147
Ölgemälde 206
Online-Hilfe 23

P

Paletten 27
Paletten-Manager 236
Panoramafoto 118
Partikeleffekt 229
Perspektive 114

PhotoImpact
 bedienen 25
 deinstallieren 17
 einrichten 19
 installieren 9
 kennen lernen 21
 Testversion 9
PhotoImpact Album 186
Pinsel
 Form ändern 216
Pinselpalette 216
Pipetten 88
Polarisationsfilters 149
Polfilter 149
Porträt 117, 130
Porträtaufnahmen 117, 125
Porträtfotos 220
Porträtfotos verbessern 220
Poster drucken 106
Präsentation
 selbst ausführende 195

Q

Querformate 131
Quickinfo 233

R

Radierer 239
Rahmen 202, 204, 243
Rahmen & Schatten 42
Rahmentyp 203
Rand
 bei Fotos 204
Randweichheit 164
Rauch erzeugen 229
räumliche Darstellung 121
Rauschen 154, 157, 210, 212
Reflektor 127
Reflexionen 117
Regen 162
Retuschierwerkzeug-Abwedeln ... 214
Retuschierwerkzeuge 214
Retuschier-Werkzeugleiste 214